股市投资交易笔记

手把手教你构建股票投资交易系统

李亚宁 ◎ 著

中国铁道出版社有限公司
CHINA RAILWAY PUBLISHING HOUSE CO., LTD.

图书在版编目（CIP）数据

股市投资交易笔记：手把手教你构建股票投资交易系统 / 李亚宁著. -- 北京记中国铁道出版社有限公司，2025. 5. -- ISBN 978-7-113-32184-0

I. F830.91

中国国家版本馆 CIP 数据核字第 2025XL5433 号

书　名：股市投资交易笔记——手把手教你构建股票投资交易系统
　　　　 GUSHI TOUZI JIAOYI BIJI: SHOU BA SHOU JIAO NI GOUJIAN GUPIAO TOUZI JIAOYI XITONG
作　者：李亚宁

策划编辑：马真真
责任编辑：张　明　　编辑部电话：（010）51873004　　电子邮箱：513716082@qq.com
封面设计：宿　萌
责任校对：刘　畅
责任印制：赵星辰

出版发行：中国铁道出版社有限公司（100054，北京市西城区右安门西街 8 号）
网　　址：https://www.tdpress.com
印　　刷：天津嘉恒印务有限公司
版　　次：2025 年 5 月第 1 版　2025 年 5 月第 1 次印刷
开　　本：710 mm×1 000 mm　1/16　印张：11.25　字数：187 千
书　　号：ISBN 978-7-113-32184-0
定　　价：79.00 元

版权所有　侵权必究

凡购买铁道版图书，如有印制质量问题，请与本社读者服务部联系调换。电话：（010）51873174
打击盗版举报电话：（010）63549461

自己感兴趣的事就是最快乐的工作（代序）

兴趣可以让人在一个领域保持专注，在一个领域超常发挥，在一个领域取得非凡成就，股票投资领域尤其如此。只有对股票投资始终保有兴趣的少数股民，才能在无数次失败的投资中坚持下来，才能不断从亏损中总结经验，最终成为股票投资成功者。

记得我在读小学三年级时，学校组织我们小学生支援公社生产队夏收，去麦田拾麦穗，还取了一个好听的名字——颗粒归仓。在拾麦穗的学农劳动中，我路过一片菜地，看见绿油油的黄瓜长在搭起来的架子上，感觉很惊奇，于是喜欢上了植物栽培。十岁的我觉得农民伯伯特了不起，会种各种庄稼和蔬菜。那时我的兴趣不是学好书本知识，而是种植各种植物。于是，我在家属院开了一块荒地，就叫它小小自留地吧。从此，我就在这块试验田里开始了对农作物的探索。每天放学以后回到家不是忙着写作业，而是先跑到试验田看看我的向日葵、黄瓜、豆角、西红柿长得怎么样？在小小的自留地里，我把除草、施肥、间苗都学会了。放学以后去劳动，那真是越干越喜欢。我还经常去公共厕所掏大粪沤肥给农作物上肥，那时的我可是不怕脏不怕臭，再苦再累也心甘。园中个头不大但熟透了的西红柿，摘上一个在衣服上蹭一下，一咬一口汁，甜甜的味道真让人享受。小小年纪的我不怕夏天天气闷热、蚊虫叮咬，在试验田里除草浇水施肥，比做老师布置的家庭作业自觉多了，这就是兴趣的力量。

上了中学以后，我的兴趣从"农业"转移到了"工业"，喜欢自己动手装配和调试无线电接收机。初中的我读了一本来复再生式半导体收音机的书就开始了实践，用手摇钻给胶合板打孔，然后铆上空心铆钉，用发热电阻自制了电烙铁，用来焊接半导体元件。

当我装好第一台单管半导体收音机的时候，插上耳机听到的是《草原英雄小姐妹》的主题曲，记忆非常深刻，这一辈子都忘不了。再后来，我用三合板制作了木盒作为收音机的外壳，于是，我的第一台四管来复再生式推挽输出、有扬声器的半导体收音机就被我制作出来了。

在20世纪70年代，可看的半导体书籍很少，主要靠订阅和搜集无线电期刊。随着业余爱好的兴趣越来越浓，花销越来越大，不能总是伸手和父母要钱。为了解决"科研活动经费"问题，暑假我就参加了父亲单位组织的勤工俭学挖电缆沟活动。我当时干活特别卖力，一想到劳动的成果可以换来半导体元器件，用于装置各种无线电接收机，就一点儿也不觉得累了。那时每天的工资是一元钱，一个月是30元，比当年的学徒工月工资18元可高多了。通过自己劳动，慢慢地，万用表、电烙铁都被我配置齐全了。

无线电爱好总有结束的时候。我的半导体收音机自制的最高阶段是完成了七管超外差两波段半导体收音机，这台收音机中波和短波都可以接收。当然，我玩无线电时最有意思、最杰出的作品是装了一台调频干扰机。高中时的我，一次在调试我的自制调频收音机时，意外发现它能干扰我们家的黑白电视机四频道。不要小看这个发现，它激发了我的兴趣。那个年代电视机可接收的频道很少，只有12个，四频道是陕西台。此外，当时电视机也没有普及，并且电视机接收信号质量不是太好，屏幕经常出现雪花状干扰。大院里有台单位的电视机，它经常出毛病，每当出现雪花时，老管理员会起身去拍拍电视机、转转天线。电视机天线就是两根能伸缩的金属杆，经常拍两下电视机、转动一下天线接收方向电视机就恢复正常了。有一次，我背着一个书包来到了电视机旁，里面装着我的调频干扰机，当时陕西电视台播的是地方戏曲——秦腔。当我拨动手中的开关到开的位置时，电视机立刻就出现了雪花状干扰并伴有大量噪声，由于距离很近，陕西电视台电视信号完全被干扰信号覆盖了。老管理员上去拿手扶住天线转动，我马上关掉了干扰源，电视立刻就恢复正常了，如此往复，老管理员扶着天线不敢松手，噘着嘴用浓重的陕西话说："听个秦腔，这电视还要人肉天线伺候。"这样的"恶作剧"小时候我可没少干。

1978年，我参加高考，被西北电讯工程学院（现西安电子科技大学）录取了。大学旅游第一次去了华山。华山的险峻风光让我又喜欢上了摄影和照片冲洗放大。自己制作冲洗照片用的放大机很有挑战性。那个年代高楼少，我们住的是平房，每家一个小院，把院子里独立的厨房装上红灯，拉上窗帘就是我的暗房。

从夜景长时曝光、多次曝光，到高速运动体抓拍，再到微距静物摄影，我都试了个遍。

大学期间，我开始摄影。记得为了攒钱买照相机，天天在学生食堂吃5分钱的醋熘白菜。一年的时间，我终于攒够120元买了一架天津产东方牌135照相机。当手里拿着心爱的照相机把玩时，吃白菜的苦就不算啥了。

1982年，我毕业到石家庄工作，离开了西安，也离开了父母。那时给父母写信都是贴8分钱邮票，我的同事花0.8元买了10枚1980年发行的第一套贺岁生肖邮票——猴票。设计精美的猴票吸引了我，我向同事要了一张信销票（寄信时盖了邮戳的邮票）保存。我的集邮生涯就此开始。那时不懂集邮，都集信销票。收到信把邮票用水泡下来，并在玻璃上铺平晾干夹到书里保存，小小的邮票里有大千世界。

在石家庄工作多年以后，1988年我和妻子都调回西安工作，西安钟楼旁边的集邮市场是我业余时间经常光顾的地方。1984年发行了特种邮票T89仕女图一套，还有面值两元的小型张。邮票我买了平价的，小型张发行量太少，在邮局没有买到。邮票市场价格是30元一张，太贵了。尽管随着我的工作经验的积累和职称的晋升，工资提高了，可面对邮票市场的高价邮票时，我仍然是捉襟见肘，于是我动了以邮养邮经营邮票的念头。

说干就干，我用0520长城计算机排版，把要出售的每套邮票的发行量和相关知识都打印在售卖册里，非常整齐漂亮。然后批发价进货整版邮票，分别撕成四方联放入邮票册开始在邮票市场售卖。我利用周末时间在邮市奔波了三年，在1991年邮票牛市高潮中我成功逃顶，那年我买卖邮票盈利超过了一万元。

20世纪90年代，我萌发了去深圳特区闯一闯的想法。从研究所出来，初期在华为工作了一段时间，当时华为只有200人，总经理任正非专门找我谈过一次话，希望我留在特区工作。特区的活力也深深感染了我。1993年初春，一个难得的机会，工作单位派我到珠海特区开拓建立研究所珠海分所。珠海吉大百货广场旁边的朱华大厦是我工作的写字楼，楼下对面开有珠海国投证券营业部。那年5月4日我去开户了，很有纪念意义的一天。从此就再也没有离开股市，30多年来，除了工作，我所有的业余研究都集中在了股市。集邮不玩了，摄影也不玩了，全心全意研究股票投资，而且乐此不疲。

一路走来，我对每个兴趣都是发自内心地全心投入、认真研究。

无论是工作还是业余生活，我都将其与兴趣联系在一起。回顾所走过的路，为兴趣而工作是最快乐、最不知疲倦、最有动力的，也是最容易出成果的。兴趣是一切事业成功的基础。在股市30多年，该吃的苦吃了，该买的教训买了。但是依然喜欢股市，依然坚持在股市耕耘，依然对股市保有浓厚的兴趣。一个人只要对股市肯钻研，肯投入上万小时去发现和总结规律，就一定会有所收获。

只要功夫深，铁杵磨成针。功夫不会辜负有心人，股市财富一定会眷顾那些不断探索，执着追求，在股市刻苦磨炼，最终战胜了恐惧和贪婪的人们。

我写这本书的初衷就是希望能帮助来股市投资的广大新股民少走弯路，尽快尽早建立起一套可长期在股市盈利的投资方法。具体有两点：

第一，建立起一套属于股民自己完整成熟能稳定获利的股票交易系统；

第二，不断磨炼，培养面对股票涨跌保持定力的正确投资心态。

这里需要提醒广大股民，投资有风险，入市需谨慎。若你已做好迈上投资之路的准备，下面就来看看经过30多年历练，我的股票交易系统形成过程吧！

李亚宁

2025年1月

目　　录

上篇　初入股市无知无畏阶段

第 1 章　股市进入门槛低，但赚钱难度大　/　5
1.1　股市是一所自修大学　/　6
1.2　初入股市的种种疑惑　/　8
1.3　化繁为简学习炒股　/　9

第 2 章　在股市投资中提高认知，磨炼心态　/　12
2.1　为什么说内心的恐惧和贪婪是你盈利的最大障碍　/　13
2.2　正确理解股市的牛熊与仓位对应　/　15
2.3　我的投资笔记　/　18

第 3 章　简单股票交易系统初建　/　20
3.1　什么是股票交易系统　/　21
3.2　关于交易系统与投资心态的匹配　/　25
3.3　关于如何建立自己的交易系统与实践　/　28

中篇　渐入佳境有知有畏阶段

第 4 章　股市投资风险与如何防范　/　39
4.1　选择好股票防范股市非系统性风险　/　41
4.2　持有好股票：熊市有分红，牛市有差价　/　62
4.3　配置市值打新股的收益分析　/　64
4.4　我的投资笔记　/　68

第 5 章　投资的长期复利增长　/　75
5.1　神奇的复利　/　76

5.2 稳健第一，坚持投资伟大的企业 / 78
5.3 牛市与熊市机会的把握 / 80
5.4 我的投资笔记 / 81

第6章 建立属于自己的股票交易系统 / 89

6.1 投资者股票能力圈的建立和边界线的确定 / 91
6.2 集中投资优秀企业才能超越指数 / 97
6.3 股市投资法宝——我的股票交易系统 / 99
6.4 我的投资笔记 / 105

下篇 修炼已到有知无畏阶段

第7章 股市融资的正确认识与实际运用 / 113

7.1 融资加杠杆的目的 / 114
7.2 融资的运用技巧 / 117
7.3 关于股指期权对牛市成果保护的探讨 / 120
7.4 我的投资笔记 / 127

第8章 股票交易系统的再完善 / 134

8.1 A股从熊市到牛市运行过程中的调仓换股 / 135
8.2 满仓集中持股与均衡配置 / 139
8.3 长线投资满仓策略与短线投机的有机融合 / 140
8.4 我的投资笔记 / 142

第9章 我对技术指标的理解与运用 / 146

9.1 将KDJ随机指标作为熊市长线建仓和加仓的辅助参考指标 / 147
9.2 将KDJ随机指标作为牛市长线减仓和清仓的辅助参考指标 / 150
9.3 用KDJ随机指标指导中短线融资高抛低吸降成本操作 / 153
9.4 我的投资笔记 / 155

后 记 / 161

上篇

初入股市无知无畏阶段

这是一本写给还没有在股市实现稳定盈利的初入股市的投资者的书籍，它会告诉你如何在股市买入建仓，如何在股市获利了结，如何实现长期复利增长。

刚刚入市的股民大都处在无知无畏阶段，他们进入股市所面临的几乎都是风险。分析起来主要有两个方面：一个是选股风险，另一个是操作风险。

1. 选股风险

新股民入市不懂股市风险在哪里，所以胆子特别大。追概念热点，追故事热点，追板块轮动，哪里的股票涨得快就往哪里扑。运气好的股民一个月就能实现利润翻倍，这些新股民受股市赚钱效应影响，大部分都是在牛市中后期进入股市炒股的，股市天天涨，他们短时间里顺风顺水收益率很高，老股民那平均一年百分之二十的收益率，他们是看不上的。他们的想法就是我要有大资金的话，我会比老股民赚得更多。他们不理解也不懂得老股民这些钱都是在股市中慢慢投资并经过长期复利增长才取得的。

这些在股市短时间用错误方法赚到钱的股民面临的风险是很大的，他们把运气当作能力，因此会投入更大的本金，等到熊市来了，悲剧就产生了。他们中的部分人是借了亲戚朋友的钱去买股票，结果钱在熊市中或亏损或被套牢，负债累累。

2. 操作风险

新股民入市缺乏持股耐心，买股票就喜欢看着股票天天涨。追涨杀跌是他们经常采用的股票操作方式。这种错误的操作方法是他们牛市亏钱的根本原因。新股民缺乏耐心是普遍现象，短期是难以改变的。唯一办法就是执行纪律，强迫自己少操作。在投资水平参差不齐，新手、老手、专家、大师同台竞技的股市，新股民想通过投资取得持续盈利，往往是非常困难的。

新股民会问：难道我们来股市面对的全都是风险，就是来交学费的？

我的回答：是的！谁也不能例外，我入股市也是交了多年学费的。

新股民又问：有没有不交学费或者是少交学费的方法呢？

我的回答：方法还是有的，就看你愿不愿意否定自己的投资想法，坚定地追随在股市真正赚钱、已经使盈利实现长期复利增长的老股民。

两年前我对我的股友说过一段话："买股票一定要向在股市取得成功的老股民学习，要学会放弃自己不成熟的想法。这样你就是在享受股市摸爬滚打几十年的老股民的经验。对于老股民的经验，如果你加入了自己不成熟的想法，哪怕是一点点，就变成了新股民不成功的经验了。例如，这只股票价格太高了，我想买只便宜的股票，那就要坏事。因为30年投资经验加上2年投资经验不等于32年投资经验，而是等于2年新股民的不成熟经验。"我知道，让新股民完全学习老股民的经验，并完全放弃自己的想法是很难的，比让你在股市胡乱买股亏钱难多了，但是没办法，股票投资想盈利哪有那么容易呢？

向老股民学习也要有选择，标准只有一个，那就是一定要向在股市实现财务自由，并且能够实现长期复利增长的老股民学习。有许多老股民，也包括专业的基金经理，短期盈利他们是做到了，但长期复利增长他们没有实现。向不能实现长期复利增长的老股民学习也是有风险的。

我已经在A股投资30多年了，胆子越来越小，热点不敢看，概念不敢炒，故事不敢听，趋势不敢追。相对于很多新股民在一个月就涨一倍的热点股里天天打板，追求一个月就翻倍的高收益的情况，我目前的投资状态就显得过平过稳了。

我和追着炒概念的新股民都是来股市投资博取盈利的，但投入是不同的。我是押了身家重仓在股市投资，特别注重资金安全，所以，我追求股票业绩增长的确定性。新股民来股市大都抱有拿点儿小资金试一下的心态，他们不知道也不懂得注重资金安全，在买股上很随意，所以，一个牛熊下来，90%的股民都是亏损的。

作为老股民，我在股票投资中是交过学费的。每次坚持到牛市高潮的顶部区域，我就特别谨慎，会采取减仓行动分批卖出股票。但是，我每次在牛市落庄了结时都会从比较早的点位开始，留点上涨空间去搏一搏，毕竟谁也没有能力都卖在最高点。

股市投资过程太残酷了，怎么说都不为过。在 10% 的股民手里，股票是财产放大器；在 90% 股民的手里，股票是财产衰减器。股民要想在股市中让自己的资金保值增值，只有两条路可以走：要么使自己成为那 10% 的人，要么放弃自己的想法学习并跟随那 10% 的人投资。

股票投资，小路有无数条，大路只一条，那就是价值投资。你要往哪里走，也只有你知道。

第 1 章

股市进入门槛低，但赚钱难度大

股票投资是一种进入门槛很低，但长期盈利难度却很大的投资方式。投资者只要有点钱，哪怕只有几千元，开个股票账户就可以买卖股票了。股票投资不讲学历和资历，没有工作经历，没有上过大学的人都可以在股市投资，所以，股市几乎是零门槛。但是，在股市中实现长期赚钱目标的投资者却很少，股市是少数努力学习不怕失败的人才能胜出的市场。每次牛市高潮的时候，大批新股民积极开户冲进股票市场，这就像一群从来没有学习过下象棋的人突然一起来参加象棋比赛，而股市赛场上老股民就像专业的象棋大师，有的还是"特级大师"，这样的比赛，结果没有一点悬念，肯定是广大新股民亏损或被套牢。从入市亏钱的新股民成长为长期盈利的老股民的学习之路充满艰辛，只有那些在思想上愿意艰苦奋斗的投资者，通过刻苦学习，不断实践，持续提高自己对股市的认知，最后才能成为成功的投资者。

股市是一所自修大学

股市是一所投资自修大学，在这所大学里，没有老师讲课，全靠学生自修各种投资书籍，所有科目的学习都靠自觉。当然，这里也没有班主任督促你学习。如果学习不努力，敷衍了事，那么在股票市场进行实践学习的时候，学费就很贵了。股市大学里每个完整的牛熊市为一轮阶段结业考试，牛市是期中考试，熊市为期末考试，两次考试都通过才算阶段结业。在股市大学，牛熊毕业考试以大约六年为一个周期，据统计，股民学员往往要通过刻苦学习和严格的心态磨炼，大约经过三次牛熊考试才能达到及格水平。也就是说，在股市大学里，需要18年到20年才能毕业，而且毕业率很低，能达到优等生水平的投资者就更少。所以，在进入股市时你真的做好思想准备了吗？

股市大学是一所神奇的大学，它采取宽进严出方式，进入门槛很低，以至于所有想进股市大学学习的股民都可以进来学习。只要认识股票代码，会操作电脑或手机进行买进卖出就可以入学了。但股市大学淘汰率非常高，特别是实践课，学费也非常贵。很多学生付出了极大的金钱和时间代价，最后还是考试不及格，只好亏本退学。"我再也不炒股了"就是他们退学时常说的一句话。

每个股民进入股市大学的唯一目的就是想多挣钱、多盈利，实现财务自由。在股市大学的大一、大二阶段，股民学生就像是走在浓雾弥漫的迷宫中，看似有无数条路通向财务自由的终点站，让人充满希冀，但实际并非如此。大一、大二的学习教材由股民自由选取，江恩理论、布林线指标、巴菲特给股民的信等，随便选读。绝大部分股民会首选技术分析书籍来学习。但是到了大学三年级，他们才知道选错了教材，这时会有 80% 的股民被淘汰。

只有少数股民会放弃技术分析转入价值投资理念的学习，在价值投资理念熏陶下，股市里跌得鼻青脸肿的他们突然发现眼前的股市变成了另一个新天地。如果他们严格要求自己，真正做到知行合一，那投资的"康庄大道"就展现在他们面前了。

最后，大约有 10% 的股民最终会通过股市大学的毕业考试，其中又有 1% 是优等生，他们建立了适合自己的完整的股票操作系统，如图 1-1 所示。他们运用自己的股票操作系统做长期投资，这将会产生巨大的复利效应，他们中的一些人会到达财务自由的彼岸。股市优等生通过刻苦的修炼，格局和眼界发生了巨大的变化，这会让他们在股市更加游刃有余。

图 1-1　股市投资大学宽进严出，毕业生少

1.2 初入股市的种种疑惑

如果你已经做好了思想准备，现在就让我们走入股市探索投资的秘密吧！新股民进入股市大部分都是在牛市后半段，比如2007年和2015年。牛市末期的股市特点是买什么涨什么。新股民都以为这是自己的选股能力所致，天天忙进忙出不亦乐乎。这真的是自己的能力吗？

1. 疑惑之一：刚刚进入股市居然买什么股，什么股就涨，这是我的本事吗

在A股中存在这样的的现象：在牛市下半场，股票开始轮动上涨，龙头股涨完二线股涨，二线股涨完小盘绩优股涨，小盘绩优股涨完就该垃圾股涨了；调整一下，随后就是所有股票又再涨一遍。牛市下半场的每次调整都在培养新股民买入就能赚钱的习惯。老股民喊"熊"来了，可是每次"熊"都没有来，大盘继续上涨，而且还越到牛市后期越有加速上涨的迹象。这个时段，新股民买什么股票都行，只要不割肉坚持一小段时间就能盈利。每次盈利一点他们就会卖出，然后又追涨其他的热点股票。新股民在买股票中获得了极大的满足感，虽然赚的钱不是很多，但自己研究的股票买了就涨，这种愉快赚钱的感觉让新股民乐此不疲。于是更加勤奋地学习，买了很多炒股书籍，尤其是关于短线操作的技术书籍。波浪理论的数波浪及江恩趋势的画线是他们最感兴趣的。另外，像KDJ、MACD、BOLL等指标，他们通通都学了个遍。

用不正确的方法赚钱是很危险的，如果股民的第一桶金是用不正确的方法赚来的，那就为今后的亏损埋下了伏笔。新股民投入少量资金在股市取得赚钱效应以后，往往不是见好就收，而是加倍投入。如果再次赚钱就会倾其所有，把所有能投入的资金都放进股市。这种倒金字塔加仓法是股民最终大亏的原因。当牛市过去，一个幅度为10%的调整，就会让新股民在牛市中取得的所有利润消失。这仅仅是开始，大部分新股民是不会认错的。接下来的漫漫"熊"途，开始给新股民上熊市第一课。大盘的快速调整带给新股民无穷的烦恼，最后亏损70%~80%的本金，这时新股民蒙了，内心的恐惧无以言表。他们搞不明白，难道我的策略不灵了吗？难道技术不管用了吗？各种疑问一起涌上心头。

2. 疑惑之二：追涨杀跌，盲目跟风，听消息看股评怎么做都亏钱，难道股市真的是"赌场"吗

牛市下半场的疯狂很快就过去了，在熊市里新股民买什么，什么就跌的日子到来了。在漫漫熊途的调整中，所有股票都会大幅下跌，绩差垃圾股跌得最快，跌幅最深。消费龙头大盘绩优股是最后杀跌的，并由此形成熊市底部。

在熊市下跌途中，所有的反弹都是多头陷阱，这个时候补仓加仓买入只会越套越深。

"股市有风险，入市需谨慎！"投资者刚进入股市就知道这句话，但是能深入理解的人几乎没有。大部分新入市股民都是抱着投机心理来股市博取差价的。他们把自己买入股票建立在能以更高价格卖出的基础上，这种"击鼓传花"式的纯投机行为，确实是把股市当"赌场"了。十赌九输，这样的投机行为长期来看必然是亏损的。

盲目跟风，看分析师股评报告，听市场小道消息，通过这些方式选出的股票都是不可能长期获利的，也就是说，这样的方法不具有获利的可重复性，无法实现投资的复利增长。

1.3 化繁为简学习炒股

刚刚入市处于初级阶段的新股民应该怎样在股市投资呢？大部分新股民都是被牛市的赚钱效应吸引来到股市的，这个时候，往往已经是牛市的下半场了。在风险大于收益的牛市下半场，初入股市的股民一定要明白自己是来股市学习的，而学习是要付出学费的。在学习炒股阶段，动用少量资金在股市学习性价比是最高的。可争取用2个牛熊市也就是12年左右的时间建立起自己的股票交易系统。等有了自己的股票交易系统，这个时候才适合加大资金投入，开始真正的股票投资。

在学习炒股的初级阶段，资金投入量要恒定，不要随意增加。尤其是出现浮动盈利时，更要坚持这一点。这样可以避免熊市到来时亏损变大。如果采取出现盈利就把对应的盈利取出，越取越多，始终保持账户是初期投入的金额不变，这样效果会更好，熊市来了更不容易亏损。

初入股市对股票缺乏研究能力，选择买宽基指数基金是学习投资比较好的方法。上证50ETF、沪深300ETF等都是很好的买入标的。什么是ETF指数基金呢？ETF指数基金是交易所开放式指数基金，它是一种在交易所上市的开放式指数基金。

ETF指数基金主要有以下几个特点：

（1）基金份额在交易所上市，投资者可通过任意证券公司营业部以撮合成交价格买卖基金份额，并获得与该ETF指数基金目标指数基本相同的报酬率；

（2）基金份额申购赎回交付的通常是一揽子目标指数成分股票加少量现金，即申购赎回采用实物交付，不同于传统开放式基金的现金申购赎回；

（3）基金的投资目标是尽力使基金净值跟踪目标指数走势而不是超越目标指数，一般采用被动式管理；

（4）管理费用低。由于采用被动式管理，管理费率较低。

ETF交易型开放式指数基金属于开放式基金的一种特殊类型，它结合了封闭式基金和开放式基金的运作特点，投资者既可以向基金管理公司申购或赎回基金份额，同时，又可以像买卖股票一样在二级市场上按市场价格买卖ETF份额，不过，申购赎回必须以一揽子股票换取基金份额或者以基金份额换回一揽子股票。由于同时存在二级市场交易和申购赎回机制，投资者可以在ETF市场价格与基金单位净值之间存在差价时进行套利交易。套利机制的存在，使得ETF避免了封闭式基金普遍存在的折价问题。

上证50指数是根据科学客观的方法，挑选上海证券市场规模大、流动性好的最具代表性的50只股票组成样本股，以综合反映上海证券市场最具市场影响力的一批优质大盘企业股价的整体状况。华夏上证50EFT是最早跟踪上证50指数的ETF基金，是A股最早发行的ETF基金，2004年12月30日成立，有20多年历史了，下面我们就以华夏上证50ETF为例介绍一下ETF基金的操作。

华夏上证50ETF交易代码是510050，买卖上证50ETF和买卖股票完全一样，没有区别。交易时间是9:30—11:30及13:00—15:00，和主板股票一样，上证50ETF也实行10%的涨跌幅限制。买卖申报数量最少为100份，申报价格最小变动单位为0.001元，和股票不一样的是，上证50ETF不用交印花税和股票过户费。

华夏上证50ETF指数基金是新股民进入股市练习投资的好标的。新股民不懂怎样选择股票，也不会看财务报表，那么，买指数基金对于他们来说，既简单又方便。

另外，指数基金也非常适合个人投资者定投，每个月发工资时，定期定量买入，积少成多。指数基金定投是很好的理财方式，它可以避免新股民牛市后期满仓买在最高点的风险，可以降低股市波动导致收益大幅波动的风险。

第 2 章

在股市投资中提高认知,磨炼心态

股票投资者在牛市和熊市的心态锻炼仅仅靠书本学习是远远不够的，心理素质必须要经过多次牛熊的实践考验才能逐渐提高。

要想在股票投资中实现长期盈利，正确的股市认知和良好的投资心态缺一不可。初入股市，投资者首先要解决买什么投资标的的问题，投资标的一定要和投资者的股市认知相匹配。其次才是磨炼和调整心态，树立长线持有的正确理念。最后是深入了解股市的发展规律，认识牛市和熊市不断更替的原因。这样就能在股票投资中找到适合自己的投资方法，不断总结经验，建立自己的股票交易系统就是水到渠成的事情了。

为什么说内心的恐惧和贪婪是你盈利的最大障碍

股票投资是股民在一个相对公平的投资平台上买入公司股票获取盈利的竞技活动。比如在 A 股，投资者不仅比的是眼界、认知，更比的是心理素质。心理素质尤其重要，我常把 A 股比喻成没有终点的中国象棋晋级比赛，在这个赛场上，有已经取得"特级大师"资格的老股民，但更多的是连"棋士"资格都没有取得的新股民。他们的差别在哪里？除了股市经验和认知欠缺外，最重要的就是心理素质上的差距。熊市低潮期股票下跌敢于不断买入建仓，牛市高潮期股票上涨舍得不断卖出减仓的老股民，他们长期盈利的秘密就是具有了战胜恐惧和贪婪的成熟的、理性的心理素质。

新股民被牛市的赚钱效应吸引来到股市，这时往往就是牛市的泡沫疯狂期。一买就赚钱是牛市疯狂期的普遍现象。新入市股民开始都是投入一点点资金，赚钱以后就开始贪婪，想赚更多的钱，想赚快钱，恨不得月月股价翻倍。开始的几次盈利让新股民误以为自己具有股市赚钱的能力，于是投入更多的资金到股市，甚至把所有自己能调动的资金全部投入股市中。疯狂炒短线追热点，不停地买进卖出，他们认为这样就可以快速致富，完全不知道这种倒金字塔投入资金方式在牛市末期是多么危险。举一个例子：前面投入 5 万元盈利了 100%，后面资金增加到 50 万元，只需一个 10% 跌停板，所有利润就会全部失去。贪婪会使股民忽略牛市末期的巨大风险。天天都赚钱，每天不买卖股票就心神不宁，这是新股民贪婪情绪在股市中的最典型表现。股民牛市末期的贪婪为后面的大幅亏损埋下了种子。

A 股牛熊周期平均为 6~7 年，1993 年、2001 年、2007 年、2015 年都是新股民入市的高峰期。我也不例外，我是 1993 年入市的。可以预见未来的牛市高潮期，新股民还会大量进入股市，入市后不久，股市就进入了漫漫熊市。

无论是牛市还是熊市，都是投资者"羊群效应"在股票市场上演绎的结果。什么是股市"羊群效应"？它是指在股民群体中，单个投资者总是根据其他类似投资者的行动而行动，在他人买入时买入，在他人卖出时卖出，如图 2-1 所示。这种盲目从众行为把人性的贪婪和恐惧演绎得淋漓尽致，在牛市股民有多贪婪，股市就会涨得多疯狂；在熊市股民有多恐惧，股市就会跌得多惨烈。

图 2-1　股市的"羊群效应"

恐惧是人人都面临过的。熊市的巨幅亏损让股民感到的恐惧感最为让其记忆深刻，2015 年下半年的熊市，千股跌停、大盘熔断，对于那些融资加杠杆的股民，账户的爆仓更是让他们终生难忘。

熊市的到来让股民账户由盈利到亏损，再发展到深度亏损。大盘刚见顶并开始下跌的时候，股民往往不服输，还在不断加仓。当股市越跌越猛，股民渐渐承认熊市来了的时候，账户亏损已经开始影响心情了，沮丧、懊恼、后悔情绪天天与股民相伴。最后，往往是在熊市末期，股民忍受不了内心的恐惧，担心本金会继续亏损，于是割肉清仓了账户，结束了一次失败的投资。

股票投资一定要克服人的一些弱点。在熊市底部区域，股市一片萧条，面对天天下跌的股价，大多数投资者心里都是害怕浮亏，不敢买入股票。在牛市的顶部区域，股市一片繁荣，面对天天上涨的股价，大多数股民心里都是唯恐赚钱少了，恨不得把所有钱都买成股票。贪婪让投资者在该减仓的时候加仓，恐惧让投资者在该加仓的时候减仓。股民的亏损就是受这种心理影响，高买低卖，错误操作。股票投资要持续稳定盈利，应磨炼心理素质，克服贪婪与恐惧心理。当股民认识到熊市的恐惧来源于我们对股市的无知，那么，提高自己对股市的认知就能战胜熊市调整的恐惧。牛市的贪婪来源于股价不断上涨的诱惑，让自己的内心在牛市中保持理性就能战胜贪婪。这样股民的投资心理就能真正磨炼成熟了，长期盈利也就水到渠成了。

正确理解股市的牛熊与仓位对应

什么是牛市？什么是熊市？通常我们把股市持续较长一段时间的上涨称为牛市，把股市持续较长一段时间的下跌称为熊市。

在 A 股 30 多年的历史中，牛市时间比较短，熊市时间比较长。牛市一般都是 1~2 年时间，熊市一般都是 4~5 年时间，一个牛熊周期平均为 6~7 年。

为什么把持续上涨的多头市场取名为牛市呢？关于牛市有两种解释：一种是说牛在打架的时候，总是用牛角从下向上发力，把对手挑起抛向空中。我就在动物世界看到过野牛把狮子挑向空中的镜头。另一种是说牛走路的时候总是抬着头，牛角向上，符合股市的上涨趋势。

根据股民心态的不同，通常牛市可以分为三个阶段：初期、中期和末期。牛市末期也称为疯狂泡沫期。

牛市初期的特点：刚刚从熊市走出，股价跌得七零八落，大多数投资者灰心丧气，"割肉"的大多处于空仓状态了，套牢的都深度套牢了。这个时候，股市对利好消息不敏感，股价稍稍有点反弹，很多股民就割肉清仓离场。一些深度套牢的股民忍受不了下跌的痛苦，在大盘轻微的反弹中把股票卖给了长线建仓的老股民。老股民开始在已经挤出泡沫的股市选择绩优股买入。股市在缓慢上升中也有波动，但是大盘不再创新低了，而且底部在逐渐抬高。股市开始有了轻微的赚钱效应，这吸引着新的资金不断地缓慢流入股市，成交量也开始慢慢地放大。

牛市中期的特点：经过了牛市初期，市场信心得到一些恢复。但是大部分股民在熊市中跌怕了，持股信心不坚定。这个时候，股市会出现较长时期的震荡，震荡市是牛市中期的主要特点。在震荡市中，股民每次上涨卖出都是对的，卖出后可在调整中再次买回来。但是，当股市进入疯狂期后，许多卖出的股民就又要追高了。

牛市末期的特点：牛市末期也称疯狂泡沫期，股市经过不断震荡成交量越来越大，新股民不断涌入股市。这个时候股民胆子也越来越大，每次抄底都是对的，都能获利。股民热情开始释放，赚钱后的乐观情绪充满股市。这个时候股市对利好消息充分炒作，对利空消息也不敏感了，认为利空出尽是利好，也被拿来炒作。整个股市充满了趋势投机的泡沫，绩优股、一般股、冷门股、垃圾股轮流被炒作，一浪高过一浪。街头巷尾都在谈论股票，尤其是新股民，人人都是"股票专家"，到处给人推荐股票。全社会都在跑步进场炒股，生怕来晚一点耽误了赚钱。这个时候，股民开户数往往达到高潮阶段，中国证券登记结算有限责任公司的数据显示：2015年牛市末期的4~6月，每个月股民开户数都超过400万户，其中，冲顶的4月最高，达到了498万户，5月开户数是416万户，6月开户数是465万户。大盘成交量不断突破历史新高，股民的疯狂达到极限，什么牢牢握住不卖、万点不是梦、股市黄金十年等牛市观点满天飞。这个时候就要特别提高警惕了，因为泡沫化的牛市行情会在股民的美好向往中突然结束。

为什么把持续下跌的空头市场取名为熊市呢？关于熊市也有两种解释：一种是说熊在打架的时候总是从上向下攻击。另一种是说熊走路时总是低着头，熊头是向下的，符合股市的下跌趋势。

根据股民心态的不同，通常熊市也可以分为三个阶段：初期、中期和末期。熊市末期也被称为希望幻灭绝望期。

熊市初期的特点：熊市初期是紧接着牛市末期的，这个时候股民的心态还处在乐观状态，没有把大盘成交量不再创新高、股价有所回落放在心上。大多数新股民在股价调整中不断加仓，认为股市还会上涨。果然在下跌中股价再次回升，但这仅仅是反弹，股价已经不再创新高了。其实，这时的股市回升就是多头陷阱，因为老股民已经开始分批卖出高估的股票撤退了。熊市初期往往是突然一个消息就引发股市大跌，我们回看一下2015年6月12日，该日上证指数收盘于5 166点，盘中最高创出5 178点新高，大盘持续的上涨让股民们对后市一致乐观。周五收盘后一片祥和。6月13日，证监会突然发布消息，要求各证券公司对外部接入进行自查，对场外配资进行清理。周一股市开盘就大跌，周二继续下跌，上证指数两天跌去5.4%，熊市初期开始了。

熊市中期特点：熊市中期是股市的主跌段，股票跌幅很大，跌速很猛。经过了熊市初期的下跌，股市会有一个反弹，这是股民最后的卖出机会。接下来，股票市场就进入草木皆兵的恐慌性下跌阶段。股市的快速下跌造成很多股民想获利了结。这些获利股民的抛售更加剧了股市的下跌。持续大幅下跌会造成融资股民爆仓，账户被强平。这些融资账户踩踏式爆仓被动抛售股票又使股市进一步猛跌。一般来说，当股市经历了抛售和爆仓的疯狂下跌后，大盘指数会从最高点下跌40%~50%，这时，抢反弹的股民开始入场买股票了，股市往往会有一个中线反弹机会。

熊市末期特点：经过一段时间的中线性反弹以后，经济下行，公司业绩爆雷。各种利空消息又开始在股票市场中发酵，对股民和机构信心进行进一步摧残。这时，整个股市弥漫着悲观气氛，股价崩溃式下跌。在这一阶段，股民彻底绝望了，开始割肉清仓式卖出股票和赎回基金。由于熊市底部成交量低迷，许多小盘股成交量太小，基金公司为了应对赎回只能卖绩优大盘蓝筹股。所以，大盘绩优蓝筹股的抛售完成了熊市末期的最后一跌。而有经验的老股民恰恰是在这个时候开始建仓，他们会分批买入被低估的绩优大盘蓝筹股。贵州茅台往往就是熊市末期最后调整的绩优大盘蓝筹股代表。

股民该如何应对牛市和熊市呢？A股市场相比于美国等国家的股市，成立时间较晚，制度和监管也有差异。牛市一般是1~2年，熊市一般是4~5年。熊市急跌段为1年左右，后面震荡磨底期为3年左右。一个完整的牛市+熊市是6~7年。股市投资正确的方法是在熊市末期建仓买入绩优股，持续分批建仓到牛市初期满仓。然后一直持有,到了牛市末期开始分批卖出股票,一直到熊市初期清仓,如图 2-2 所示。怎样建仓买入?又怎样分批卖出?投资者需要建立一个股票交易系统。股市里每个投资者的交易系统都是独一无二的,它建立在投资者自己对股市规律认知的基础之上。第 3 章我将用案例详细说明怎样建立自己的股票交易系统。

图 2-2　股票投资宝典

2.3　我的投资笔记

1. 股票投资——选股决定盈亏（2017 年 8 月 27 日）

对于股票投资来说,买什么股票决定了未来是盈利还是亏损。买入股票就如同播种,种子的质量决定将来的收成,买什么股票,在什么价格买,决定了未来是丰收还是歉收。如何选优质的股票"种子"是投资成功的关键,买入前的深入研究就是最有效的风险控制方式。你对股票"种子"的选择能力体现了你对股市认知的深度和广度。

2. 股票投资是投资者自己的一场心路修行（2017 年 8 月 29 日）

投资者来到股市的目的就是盈利,为了寻找盈利的方法,他们的所有经历、付出,最终的受益人都是他们自己。股票投资是一场投资者自己的孤独修行,在这条充满失败的艰辛道路上,投资者要经历无数的考验,路的尽头是财务自由的喜悦，但是，只有少数修行成功的投资者才能到达。

3. 股票投资的核心是什么（2019年11月12日）

大道至简，股票投资的核心就是买入卓越的企业，然后陪伴它从熊市到牛市，分享企业的业绩增长。如果运气好到了牛市，再来个戴维斯双击，公司估值大幅提升并出现泡沫状态，那就完美啦！

股市里明白这一点的人不多，90%的股民都忙着在垃圾股里淘金子。做到这一点的人更少，99%的股民都修行不够，耐心不足。股票投资难，难于上青天。一旦明白了与卓越企业相伴，股民选股难度顿时降低了95%，持股爆雷概率顿时降低了99%，但是想明白很难。因为卓越企业都是名牌，就那么几个，都摆在那里，大家没有不知道的，可就是不敢卖，不想买，买不起。

第 3 章

简单股票交易系统初建

股票投资者在股市建立起自己的股票交易体系就相当于你在股票投资"象棋大赛"上取得了专业技术职称——象棋大师，股票交易系统是保证你的股票投资取得长期盈利的有效工具。每个在股市取得投资成功的老股民都经历过赤手空拳在股市闯荡的阶段，这是一个用账户的亏损积累实盘操作经验的阶段，这是一个不断认识股市客观规律的阶段，这是一个投资者对自我性格再认识的阶段。

在这个阶段，股票账户积累的亏损让投资者认识到手中没有有力的投资工具，没有经过刻苦学习，仅仅靠感觉来投资股票是不行的。没有一个完整的系统和方法在股市进行投资，长期投资结果就只能是亏损。要想投资成功，取得长期盈利，必须要有符合股市发展规律，面对股市牛熊变化客观应对的正确方法。每个成功投资者依据股市客观规律总结出的赚钱方法就是他自己的股票交易系统。投资者有了自己的交易系统就有了在股市实现盈利的工具。用成熟股票交易系统武装起来的投资者才能在股票投资中无往而不胜。

3.1 什么是股票交易系统

股票交易系统就是投资者根据股市发出的基本面和技术面各项指标确定股市所处位置和运行状态，再根据股市的不同状态进行股票买卖的完整的获利操作方法。

一个完整的股票交易系统包含下面五个部分：

（1）选择标的物，也就是买什么？

（2）买入信号，也就是开始建仓的标准。

（3）建仓策略，也就是如何买？买多少？

（4）卖出信号，也就是开始减仓的标准。

（5）减仓策略，也就是如何卖？卖多少？

股民经过十年甚至二十年的努力，一旦建立形成了自己成熟的股票交易系统，相当于在股市博弈的市场考取了"技术执照"，那时，你在股市投资中就不会被市场轻易收割了，你可以游刃有余地大胆投资了。

严格来说，世界上的所有股票交易系统都是独一无二的。每个股票交易系统都是股民在股市实践中长期总结的成果，它是和投资者自己的个性相匹配的。大部分股票交易系统都只适合自己，对别人来说，不一定合适。股票交易系统千差万别，但其主要形式可以分为三大类：

第一类是长线持有型。这类股民的股票交易系统形成后，他们发现好股票并在其被低估时买入，然后就开始长线持有，只要公司基本面保持优秀就保持不卖出状态。典型代表就是沃伦·巴菲特。沃伦·巴菲特在1988年可口可乐股票市盈率低于15倍即低估时买入，到现在三十多年了一直持有。只要持有的股票的基本面保持良好，业绩保持持续增长，投资者就会一直持有不卖出。在这种交易系统的指导下，投资者仅在公司基本面出问题时才会卖出股票，当然，也会在公司估值被严重高估出现泡沫时卖出股票。例如，2022年6月，比亚迪股票创了历史新高333元，估值是258倍市盈率，比亚迪股票处在严重泡沫阶段，巴菲特在2022年8月开始减持已经持有了14年的比亚迪股票。

第二类是估值切换型。在股票被低估时买入并持有，等到股票被高估时卖出，再选择自己认为被低估的股票买入持有，等待被高估。例如，国内某著名基金经理就是采用这样的交易系统，他在2013年贵州茅台股票被低估时买入并持有。2017年，贵州茅台股价为500元/股，估值达到30倍市盈率，此时，他认为贵州茅台股票被高估了，选择了卖出。然后再买入他认为被低估的银行股持有。但是，30倍市盈率的贵州茅台继续不断上涨，平均4倍多市盈率的银行股买入后多年不涨，所以，专业投资者的主观判断也会有失误的时候。

第三类是高抛低吸型。在熊市底部区域买入股票，在牛市顶部区域卖出。他们不追求建仓时买在最低点，熊市底部建仓买的是微笑的U形。牛市顶部卖出也不追求卖在最高点，卖出股票时是一个倒着的U形。因为我的股票交易系统是第三类，本书重点分析和总结如何建立并完善高抛低吸型股票交易系统。

下面就详细说说高抛低吸型股票交易系统的建立和运用。在第2章我们已经了解和熟悉了牛熊市的运行规律。在熊市股票被低估时买入并一直持有到牛市股票被高估时卖出,具有股票投资盈利的确定性。围绕牛熊市买卖股票盈利的确定性,我们建立一个可供大多数投资者参考借鉴的股票交易系统——高抛低吸型股票交易系统。

1. 选择标的物

大多数新股民不具有对股票深度研究的能力,不清楚自己的能力圈。买股容易贪便宜选择低价股。这样选股往往选错,非常容易选到绩差股、问题股和垃圾股。

对于有股票研究能力的老股民选择将什么股票作为标的物的问题,我们会在后面章节展开讨论,现在我们讨论没有股票研究能力的新股民怎样选择标的物。

前面介绍过宽基指数基金就是很好的标的物。宽基指数基金是选择各行各业的优秀公司组成的指数基金,这些优秀公司利润逐年增长推动指数基金长期螺旋式上涨。我们看看香港恒生指数的情况。1964年7月31日编制运行的香港恒生指数,基点是100点,1969年11月24日正式对外发布,到2022年12月31日的19 781点,58年增加了196倍。所以,在熊市低迷时买入宽基指数基金,长线持有是具有赚钱确定性的。由于市场竞争原因,个体公司会衰落,也有个体公司会因财务造假股价大幅下跌,所以,买个股存在着许多非系统性风险。但是,指数基金是一系列股票的集合,它不怕个股的业绩风险。所以,没有能力研究公司的投资者选择指数基金最合适。上证50指数基金和沪深300指数基金都是很好的宽基指数基金,新股民可以选择它们作为建仓标的物。

2. 买入信号

熊市末期股市会有很多指标发出,从基本面到技术面都有,投资者可以选择长期有效的信号作为自己的买入建仓信号。我通常是参考宽基指数的平均市盈率、A股每月新增开户数、A股每日成交量,以及技术指标KDJ、年线和月线K线图等多项指标来研判大盘是否进入熊市底部区域。一旦触发建仓标准就开始买入。比如,观察一下沪深300指数平均市盈率曲线图,可以很容易地发现,在熊市中,沪深300指数市盈率跌破12倍就是很好的建仓信号。如图3-1所示。

3. 建仓策略

我的建仓策略是分批建仓,越跌越买,不追求全部资金都买在最低点,我的目标建仓成本是底部区域平均价。分批建仓总的来说有两种方法：一种是按时间分批买入，比如每周买一次；一种是按价格分批买入，比如指数基金价格每下跌3%买入一次。这个3%就是熊市建仓买入系数，它是可以根据投资者自己的分批建仓次数来调整的。

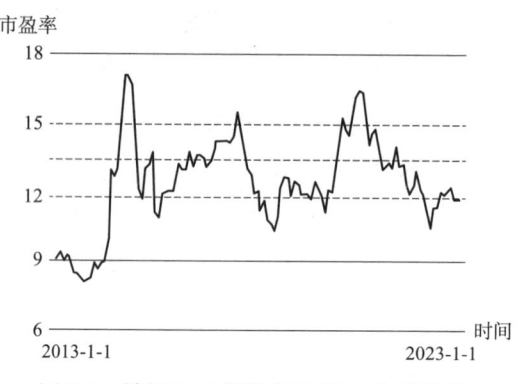

图3-1 沪深300指数市盈率10年曲线图

4. 卖出信号

牛市末期股市也会有很多指标发出，从基本面到技术面都有，我们可选择长期有效的信号作为我们的卖出减仓信号。我通常是参考宽基指数的平均市盈率、每月新增开户数、每日成交量，以及技术指标KDJ、年线和月线K线图等多项指标，判断大盘是否进入顶部区域。一旦触发减仓标准就开始减仓卖出。我们再观察一下沪深300指数平均市盈率曲线图就可以很容易发现，在牛市中，沪深300指数市盈率突破15倍就是减仓卖出信号。

5. 减仓策略

我的减仓策略是分批减仓，越涨越卖，不追求全部基金都卖在最高点，我的减仓获利目标是顶部区域平均价。当分批减仓时，我采用的是越涨越卖的方法，按价格分批卖出，比如我把总仓位分成20份，指数基金价格每上涨5%卖出一份。这个5%就是牛市减仓卖出系数，它是可以根据投资者自己的分批减仓次数来调整的。

以上五部分构成了完整的闭环式高抛低吸型股票交易系统。

3.2 关于交易系统与投资心态的匹配

在股票投资中，我们仅仅完成建立股票交易系统是远远不够的，它无法实现在股市长期盈利。磨炼好投资者自己的心态，使之与自己的股票交易系统相匹配，这样才可以实现股票投资的长期复利增长。

投资者心态的磨炼可不是一件容易的事，这是需要长期努力刻苦修炼的。股市的每一次牛熊演绎都是一次财富再分配。股价的上涨和下跌都是人性在股市的映射。耐心是战胜股市波动、实现复利增长的长线投资者必须具备的基本素质。好的心态会让你在牛市高潮时不断地卖出股票，不会在乎明天后天股市又创新高。好的心态会让你在熊市底部不断买入股票，不会在乎浮亏中的暂时套牢。正确的股市认知加与之相匹配的良好心态是老股民在股市盈利的核心竞争力。

1. 股票投资要有乐观的心态

在股票投资过程中保持乐观的心态太重要了，那些站得高看得远的投资者，他们心态乐观，在熊市敢于买入建仓和不断加仓。而心态悲观的股民在熊市只看到眼前股价在不断下跌，只看到经济不好的一面，只看到利空因素带来的群体性恐惧。因此，悲观的股民是无法完成熊市播种建仓的任务的。

拥有乐观心态的投资者，他们着眼于未来，不在乎眼前熊市建仓的浮亏。他们对未来牛市有坚定的信心，摆脱了股市的羊群效应，对股市认知具有前瞻性。在熊市底部股市最悲观的时候建仓，注定是少数派。在大多数股民受到股价大幅下跌的恐惧心理影响的时候做到如此是不容易的，没有对股市未来的乐观心态是不行的。所以，股票投资一定要对未来发展保持乐观的态度。

在具体实践中，我刚开始使用交易系统在熊市建仓时，也会受到股价下跌的恐惧心理的影响。今天刚刚买入明天就是浮亏，再买入浮亏更多，心理上是存在一定压力的。但是，想到熊市建仓的逻辑是正确的，交易系统经过股市复盘回测也是正确的，于是就咬牙坚持不断买入建仓，经过一次熊市建仓尝到了甜头，下次遇到熊市时，再也没有丝毫恐惧心理了。而且是越跌越买越高兴，心想又买到便宜股票了，将来牛市可以盈利更多，我的熊市心理障碍就是这样克服的。

2. 对股票投资要有敬畏的心态

老股民经过十年甚至二十年的努力能够在股市实现长期复利增长了，这个时候他们的"胆子"却越来越小了，为什么呢？因为他们知道自己在股市不懂的东西很多，能力圈边界在哪里。他们对股市充满敬畏之心，买股票只在能力圈里边买，坚决不出能力圈边界线。

如图 3-2 所示，这是股市达克效应认知曲线，它反映了投资者在股市要经历的四个阶段。投资者进入股市后很多年都处在对股市无知的新手阶段。在这个阶段，投资者不知道自己不懂股市，他们自信心爆棚，胆子特别大，什么股票都敢买，听消息追热点炒概念是他们的常态。第二阶段新股民经过多年股市摔打四处碰壁后开始逐渐成熟的阶段，此时他们知道自己不懂股市了。再经过多年的股市磨炼，他们的股市认知又提高了，就进入持续赚钱盈利的第三阶段。第四阶段是财务自由阶段，它是每个股民一生所追求的目标。在股票投资者中，大约有1%的股民最终能成为股市专家，进而到达财务自由阶段。

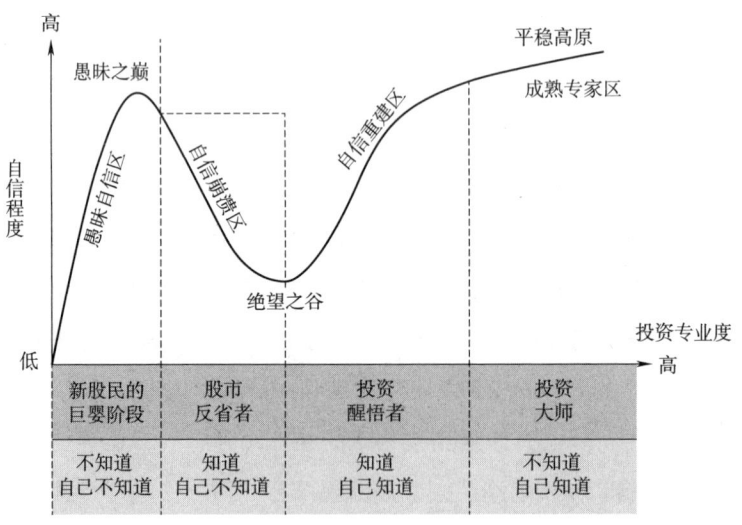

图 3-2 达克效应在股市的表现

处在股市第一阶段和第二阶段的股民，买宽基指数基金是最好的选择。这样可以在少亏损、少交学费的情况下积累投资经验、提高股市认知。

3. 股票投资要有自律的心态

在股票投资中，自己的账户别人是无法看到的，是盈利还是亏损都是自己操作的。因此，股民要从内心严格要求自己，在股票投资中，必须做到知行合一。克服从众心理，坚持独立思考，这点在投资中尤为重要。大部分投资者在股市投资中亏损的一个重要原因就是自律不够，不能做到知行合一。比如明明知道牛市高潮来了，股票被高估了要卖出。可牛市高潮真来了就是舍不得卖，总想着要再等，要卖在最高点，结果从盈利变成了亏损。

大家都知道在熊市里股票被低估了，长时间的调整已经跌出了价值，应该买入绩优股票。但是大家都不愿意买，怕再接着下跌会造成账户浮动亏损。大家都知道牛市疯狂期风险很大，应该卖出股票，哪怕是最优秀的股票，在高估泡沫阶段也是要卖出的，但是，大家都不愿意卖，因为明天可能还接着大涨。投资中克服自己内心的贪婪和恐惧，严格自律要求自己是很难的，但又必须做到才能实现长期盈利。如图 3-3 所示，投资者要有一个乐观的投资心态，要对股市始终保持敬畏，严格要求自己坚持自律，知行合一。

图 3-3　保持乐观自律的好心态

只有真正在漫漫熊市黑夜中买入并坚持到底的投资者才能迎来牛市黎明的曙光，只有真正明白价值投资原理在牛市高估泡沫中卖出股票的投资者才有资格品味丰收的喜悦和投资成功的甘甜。

影响我们投资结果的不仅仅是经济大环境和股市牛熊，其实每个投资者的心态严重影响他的股票操作。说投资者的股市投资心态决定了他的眼界、视野和成功一点都不为过，好的投资心态就是成功的一半。好的心态虽然有先天性格原因，但是后天的股市经历和磨炼更重要。投资中好的心态必须经历股市长期磨炼才能养成，我的体会是要经过两个牛市和熊市，至少十年的时间才能基本达到要求。

3.3 关于如何建立自己的交易系统与实践

前面介绍了什么是股票交易系统，股票交易系统包含哪些基本要素，也介绍了需要与股票交易系统匹配的投资者心态。下面就拿一个我已经在实战中使用过的交易系统做案例来说明一下股票交易系统如何建立和如何具体运用。

这次我们建立的是指数基金交易系统——大盘指数"收割机"。

本交易系统我们以100万元资金进行模拟交易，模拟从熊市建仓到牛市收获的全过程。

1. 如何建立自己的交易系统

（1）标的物

既然是大盘指数"收割机"，我们当然首选华夏上证50指数基金作为标的物了，它是50只大盘股的集合，而且成立历史也最悠久。

（2）买入信号

熊市建仓买入信号常常是多种指标作用下的复合信号。有基本面发出的信号，也有技术面发出的信号，最终的决定权在投资者自己。买入信号设定要简单清晰并具有可重复操作性。我在这个系统中选取技术面信号与基本面信号相结合的买入信号，具体由A、B、C三个指标决定，A最重要，B次之，C辅助。

①上证指数牛市顶点开始的下跌时间和幅度

每次牛市顶点在后面的熊市中非常容易辨认，确认了牛市顶点，下跌时间也就可以确认了。股市熊市跌幅一般都在40%~70%，跌幅大于40%时才可以考虑开始建仓。

备注：以往我都是将上证指数作为参考。从2022年底开始，我的交易系统改为以沪深300指数为参考。因为上证指数上市股票太多，很多新股上市就"跌跌不休",这造成上证指数走势已经有些失真,参考沪深300指数来观察大盘走势更全面准确。

②上证指数市盈率所处位置与新增开户数

每次熊市上证指数市盈率所处位置是可以在上海证券交易所网站查到的,新增开户数在中国证券登记结算有限责任公司的网站也能查到。

注备:以往我都是将上证指数市盈率作为参考。从2022年底开始,我的交易系统是以沪深300指数市盈率为参考,比如沪深300指数平均市盈率低于12倍就是买入建仓信号。

③上证指数技术指标KDJ月K线是否金叉

这个指标是熊市建仓期需要尽快满仓的信号。

(3)建仓策略

本交易系统建仓策略为时间定投与价格定投混合的策略,其中,价格优先于时间。将100万元建仓资金分成10等份,熊市建仓买入系数设定为3%,所谓价格定投,就是从第一笔建仓买入开始,上证50指数基金每下跌3%就买入一份,不考虑时间,价格跌幅达到买入条件就马上买入。所谓时间定投,就是从第一笔建仓买入开始,每两周买入一份。如果价格没有达到下跌3%,时间到了15天,就按时间现价买入一份。如果上证50指数出现KDJ月K线金叉信号,还没有满仓的话,要一次性把剩余资金全部买入,完成熊市建仓。

(4)卖出信号

卖出信号最难把握,要与时俱进,每次牛市会有不同。每次熊市最低市盈率开始翻倍是一个重要的卖出信号。比如2005年熊市上证50指数最低市盈率是15.56倍,牛市乘2到了市盈率31倍就要开始卖出了;再比如2013年熊市底部最低市盈率是10.15倍,到了牛市20.3倍市盈率时就要开始卖出了。当然还要结合其他指标作出是否减仓的最后决定。

备注:以往我都是用上证指数做参考。从2022年底开始,我的交易系统是以沪深300指数市盈率为参考物。比如沪深300指数平均市盈率大于15倍就是卖出减仓信号。

(5)减仓策略

牛市本金加利润账户内的资金会翻倍膨胀,所以,我在牛市中减仓一般不按资金总额减仓。我会按照上证 50 指数基金的总持股数，把资金分成 20 份。当卖出信号出现就卖出第一份，然后按价格优先策略分批卖出。牛市减仓卖出系数我选 5%，也就是基金价格每涨 5% 卖出一份，越涨越卖。减仓的要点是，基金价格上涨到顶部开始回落，当跌回到了第一次减仓价时，如果还有剩余基金，这时需全部卖出，完成清仓，然后等待下一次熊市底部到来。

股票交易系统建好以后，要代入历史数据中去测试。测试结果必须全部盈利，不能有例外现象出现。只要有例外就说明系统不完善、不成熟，需要继续完善后才能使用。

受时间影响，我们这次模拟评测采用后复权数据。此外，本次我们也忽略不影响测试结果的交易手续费和印花税，以及基金分红。2007 年的牛市是大盘股和小盘股的全面牛市，就用这次牛市模拟一下我们建立的指数基金交易系统——大盘指数"收割机"的投资效果。

2. 交易系统运用实践——上证 50ETF 指数

（1）上证 50ETF 指数模拟熊市建仓

上证指数从 2001 年 6 月 14 日牛市顶点 2 245 点开始下跌，到 2005 年 2 月 23 日收盘于 1 309 点，跌幅约 42%，2005 年 1 月新股民开户数已低于 10 万户，股市处于熊市底部区域（2001 年牛市顶部新股民曾达到月开户 143 万户），再看上证指数的市盈率，从有记录的 1999 年 1 月到 2005 年 1 月，7 年平均市盈率是 42 倍。其中，2001 年牛市最高值是 64 倍，2005 年 2 月底是 25 倍市盈率，处于熊市底部区域。综合考虑各项指标后，可以开始熊市建仓。

我们把 100 万元资金分成 10 份，每份 10 万元。从 2005 年 2 月 28 日以收盘价 0.872 元（后复权）开始建仓买入第一份。10 万元买入 114 600 股，余额 68.8 元（忽略交易手续费和印花税）。

表 3-1 是本次模拟建仓买入时间和价格。

表 3-1　买入时间和价格

买入次数	计划买入	实际成交	计划日期	成交日期	买入条件
第 1 次	0.872 元	0.872 元	2 月 28 日	2 月 28 日	建仓
第 2 次	0.846 元	0.846 元	3 月 15 日	3 月 15 日	时间优先
第 3 次	0.82 元	0.82 元	3 月 31 日	3 月 22 日	价格优先

续上表

买入次数	计划买入	实际成交	计划日期	成交日期	买入条件
第4次	0.796元	0.796元	4月15日	3月30日	价格优先
第5次	0.772元	0.788元	4月29日	4月29日	时间优先
第6次	0.749元	0.749元	5月15日	5月16日	价格优先
第7次	0.726元	0.726元	5月30日	5月30日	价格优先
第8次	0.705元	0.705元	6月5日	6月3日	价格优先
第9次	0.683元	0.769元	6月30日	6月30日	时间优先
第10次	0.663元	0.766元	7月15日	7月15日	时间优先

备注：从2005年2月底开始建仓，到达计划价格就买入。如果时间到了，没有跌到计划价格，就按当日收盘价成交。

10次买入合计：114 600股（余68.8元）+118 200股（余2.8元）+121 900股（余42元）+125 600股（余22.4元）+126 900股（余2.8元）+133 500股（余8.5元）+137 700股（余29.8元）+141 800股（余31元）+130 000股（余30元）+130 500股（余37元）=1 280 700股（余275.1元）。

剩余的275.1元以第十次收盘价买入300股（余45.3元）。

本次建仓历时5个月，合计共买入上证50ETF指数基金128.1万股，平均成本价0.78元，建仓全过程完成。

（2）上证50ETF指数模拟牛市减仓

上证50指数基金建仓完成后就是长线持有，一直持有到牛市高潮，等到牛市卖出信号发出，就开始按照交易系统的卖出信号执行减仓计划。

2005年7月建仓结束后，一年半时间过去了。在2007年1月30日，上证50指数市盈率翻倍，发出牛市卖出信号。按照所持有的股数128.1万股，分成20份。为了计算方便，其中，19份是6.5万股，剩余的1份为4.6万股。当天收盘价卖出4.6万股，第一次减仓。

表3-2是本次模拟减仓卖出时间和价格。

表3-2 卖出时间和价格

减仓卖出	计划卖出	实际成交	成交日期	成交金额	成交股数
第1次	2.289元	2.289元	1月30日	10.529万元	4.6万股
第2次	2.41元	2.41元	3月29日	15.665万元	6.5万股

续上表

减仓卖出	计划卖出	实际成交	成交日期	成交金额	成交股数
第3次	2.53元	2.53元	4月9日	16.445万元	6.5万股
第4次	2.65元	2.65元	4月16日	17.225万元	6.5万股
第5次	2.77元	2.77元	4月25日	18.005万元	6.5万股
第6次	2.89元	2.89元	4月30日	18.785万元	6.5万股
第7次	3.01元	3.01元	5月24日	19.565万元	6.5万股
第8次	3.13元	3.13元	5月29日	20.345万元	6.5万股
第9次	3.25元	3.25元	6月18日	21.125万元	6.5万股
第10次	3.37元	3.37元	7月23日	21.905万元	6.5万股
第11次	3.49元	3.49元	7月30日	22.685万元	6.5万股
第12次	3.61元	3.61元	8月3日	23.465万元	6.5万股
第13次	3.73元	3.73元	8月4日	24.245万元	6.5万股
第14次	3.85元	3.85元	8月10日	25.025万元	6.5万股
第15次	3.97元	3.97元	8月20日	25.805万元	6.5万股
第16次	4.09元	4.09元	8月22日	26.585万元	6.5万股
第17次	4.21元	4.21元	8月24日	27.365万元	6.5万股
第18次	4.33元	4.33元	9月3日	28.145万元	6.5万股
第19次	4.45元	4.45元	9月28日	28.925万元	6.5万股
第20次	4.57元	4.57元	10月10日	29.705万元	6.5万股

经过20次卖出，合计卖出股数128.1万股，卖出金额441.544万元，本次牛市减仓完毕。当然，后面才是牛市高潮，上证50指数基金最高涨到了4.91元。

总结：本次使用的是大盘指数"收割机"股票交易系统，从熊市建仓到牛市收获全过程历时两年零九个月。模拟账户100万元本金，实现利润341.544万元，盈利效果还是很不错的。把这个大盘指数基金交易系统用于2015年的牛市，效果也是很不错的，有兴趣的股民可以自己模拟一下。

我是学理科的，大学所学专业是激光技术，毕业后在研究所从事半导体激光通信研究6年，计算机自动设备控制研究6年，所以，我的股票交易系统是按照科研项目来做的。它比较严谨，信号指标简单可靠，可重复操作。买入和卖出信号简单清晰，在每个牛市熊市均可有效是股票交易系统建立时要特别注意的点。

我在大盘指数"收割机"股票交易系统中，股票建仓选用的买入系数是3%，也就是标的物股价每下跌3%就买入一份。股票减仓选用的卖出系数是5%，也就是标的物股价每上涨5%就卖出一份。投资者在建立自己的股票交易系统时，这两个系数是可以调整的。改变交易系数后一定要用历史牛熊市数据进行回测，检验投资效果。但需要注意一点，牛市末期大盘指数上涨很快，卖出系数不宜定得太低。如果定得太低容易出现很早就把股票卖空了的情况，后面就只能看着指数上涨了。卖出系数定在4%~6%比较合理。同样，在熊市买入系数不宜定得太低，否则容易出现早早就满仓的情况，买入系数定在2%~4%比较合理。

股票交易系统必须投资者亲自建立，只有通过亲自建立才能对它有信心。在股票投资实践中要100%相信自己已经回测验证过的交易系统。只有严格按照交易信号执行操作，才能取得好的投资效果。我的交易系统案例只是抛砖引玉，希望投资者根据自己的股市实践，举一反三建立起属于自己的股票交易系统。

再举一个例子，恒生指数已经很成熟了，熊市应从10倍以下市盈率开始分批建仓，越跌越买，牛市从15倍以上市盈率开始分批减仓，越涨越卖，这就是一个简单的恒生指数基金交易系统。总之，肯钻研，善于发现股市规律，善于总结股市经验，就一定能建立起属于自己的股票交易系统。

3. 交易系统运用实践——深成B杠杆指数基金

下面我用自己在A股的实战案例再来具体说明一下股票交易系统的使用方法。

实践检验是股票交易系统构建过程中最为重要的一环，股票交易系统一定要经受股市实战的考验，只有在实战中才能检验出它的可靠性和正确性，股票交易系统也只有通过了实践检验才能逐渐成熟。

我的大盘指数交易系统在2010年以后经历不断完善逐渐趋于成熟。在2013年熊市底部区域，我把它再次用于A股实战，其在2015年牛市中显现出了非常好的投资效果。

实战中，我在选择标的物上进行了认真研究和比较。这次选投资标的物，我是在上证50ETF指数基金、沪深300ETF指数基金、深证100ETF指数基金和深成ETF指数基金中进行选择，最后，我选择了深成B杠杆指数基金（基金代码：150023）。我选择深成B杠杆指数基金的主要原因是A股推出的这个新指数基金产品具有两倍杠杆特性，我认为它在杠杆特性作用下未来在牛市中会大幅跑赢其他三个指数基金。

我从2008年开始深入研究指数基金，对各类指数都有涉及。我喜欢被动式指数基金，尤其是后面推出的被动式杠杆指数基金，研究也更多更深入一些。2010年10月，申万菱信发行的深证成指分级证券投资基金之申万进取是由深圳股市40只大盘绩优股组成。

深成指数杠杆基金，简称深成B。我为什么选择这只杠杆基金呢？深成指B指数基金是基于两倍杠杆设计的。它最独特的设计是，在熊市大盘下跌中，当它下跌到下折点净值0.1元时，仅仅是失去杠杆，而不像其他绝大部分杠杆基金会下折爆仓。这在上百只杠杆基金中是独一无二的，简直就是杠杆基金中的宝贝"大熊猫"。而在大盘翻转进入牛市时，当它的净值恢复到0.1元时，它将以11倍杠杆向上快速追赶大盘指数。这种熊市不爆仓，牛市有杠杆的指数基金太难找了。我看中它的正是这一点，所以，在当时众多被低估的指数杠杆基金中，我选择它作为这次熊市的建仓标的物。

对指数基金的深入研究让我发现了在A股市场有这么一只非常另类的杠杆基金，它下折时保护激进的B份额却不保护稳健的A份额。深成B杠杆指数基金的这个特点我喜欢，我在股市投资的表现是比较进取的，我想享受牛市上涨的杠杆，却又不想在熊市建仓过程中爆仓。深成指B杠杆指数基金就像是专门为我的需求设计的一样，而且在A股中它也是独一无二的。这只杠杆基金在风险来到时保护B份额的做法，连我都觉得对投资稳健的A份额股民不公平。A份额本来是追求稳健的，不承担亏损。结果该杠杆基金的A份额在下折时要共同承担下跌浮亏，等将来上涨时却只能得到固定利息，超额利润全部属于B份额，这确实不太公平。但是股市就是这样的，深成B杠杆指数基金在基金发行公告上说得很明白，你认真研究了并领会了内涵就能在股市中享受研究结果。当时A股中绝大部分杠杆基金都是要下折爆仓的，熊市调整一旦出现下折就再难回本了。2015年末A股进入熊市调整，杠杆基金持续爆仓，投资者损失惨重，后来A股的杠杆基金产品就全部退出A股了。

实盘运用大盘指数"收割机"交易系统，从熊市建仓到牛市收割全过程：

（1）熊市建仓、加仓

深成B杠杆指数基金于2010年11月上市，上市一年后我买了一些观察仓，一直跟踪它。2013年6月我开始加仓。原来有一个小仓位，因为判断是熊市底部区域，所以开始加重仓。起步0.288元就加仓了341万股，随后的一年时间只要深成B杠杆指数基金价格在0.3元以下，我每个月都会加仓买入。合计共买入1500万股，平均成本0.3元。

（2）牛市减仓、清仓

当大盘进入2015年的牛市时，需要说明的是，这次牛市是中小创的牛市，小盘股大幅上涨，大盘蓝筹股涨幅合理，并没有出现高估和泡沫，我的深成B杠杆指数基金一直在持有中。2015年5月19日收盘价为0.953元。虽然与成本价0.3元比较，利润已经超过了2倍，但深成指估值合理，我并没有开始减仓。

这个时候中国证券市场发生了一件大事。深圳市场基准指数——深圳成分指数，正式宣布扩容改造样本股，由40只扩容至500只，于2015年5月20日正式实施。

以前的深成指的40只股票是由深圳主板26只、中小板11只、创业板3只股票组成，基本都是大盘股和少数中盘股。这次扩容加入了460只严重被高估，正处在牛市泡沫状态的中盘股、小盘股和创业板股票。由于这些股票的加入，深成指平均市盈率在5月20日当天就突破了30倍。于是我决定在深成B杠杆指数基金达到1.0元时，开始分批卖出深成B杠杆指数基金。我把1500万股基金分成了15份，每份100万股。减仓卖出系数定为5%，每上涨0.05元，就卖出一份基金。在2015年5月20日以1.02元卖出了100万股，随后收1.05元、1.10元、1.15元、1.20元、1.25元、1.30元又卖出了合计600万股。6月15日我以1.30元减仓，随后短短四天该基金就崩塌式暴跌，最低降到0.981元，当6月24日反弹到1.15元时，我马上大幅减仓，这时超过2/3的仓位已经卖出了，6月29日星期一，经过周末思考决定开盘就清仓全部深成B杠杆指数基金，当天早上9点25分开盘价撮合期买盘报价是1.0元，我知道我来晚了，按时间优先是轮不到我卖1.0元价格的。那就选价格优先，我直接低0.01元以0.99元挂出卖盘，结果是优先成交了我的单子。清仓完毕后，没有想到的是我创造的0.99元开盘价就是当天的最高价。从5月20日开始卖出减仓到6月29日全部清仓，深成B杠杆指数基金在一个多月全部获利了结。第一次减仓开卖是1.02元，最高成交价是1.30元，最后清仓价是0.99元，平均成交价是1.09元。

这次牛市使用了大盘指数"收割机"交易系统进行杠杆指数基金买卖操作，效果非常好。成本价为 0.3 元，平均卖出价为 1.09 元，263.33% 的收益率大幅超越了其他指数基金的收益率，五只指数基金收益率情况见表 3-3。这次按照交易系统清仓，完全躲过了后面熊市的熔断和千股跌停阶段。深成 B 杠杆指数基金 2013 年建仓到 2015 年收获历时两年，我严格执行和按照股票交易系统操作，又一次体验到交易系统不带感情色彩，机械化操作的巨大威力。为后面进一步完善股票交易系统打下了良好基础。

表 3-3　2013 年 6 月到 2015 年 6 月五只指数基金的收益率情况

基金名称	基金代码	2013 年 6 月收盘价（后复权）	2015 年 6 月收盘价（后复权）	投资收益
上证 50ETF	510050	1.803 元	3.447 元	91.18%
沪深 300ETF	510300	2.259 元	4.697 元	107.92%
深证 100ETF	159901	2.721 元	5.459 元	100.62%
深成 ETF	159903	0.791 元	1.491 元	88.49%
深成 B 杠杆指数基金	150023	0.308 元	0.979 元	217.85%
我的投资	150023	0.3 元	1.09 元	263.33%

总结：股票交易系统是股民投资股市的有力工具，有了它就不会迷失投资的方向。股票投资要想持续盈利和复利增长就必须建立属于自己的股票交易系统，这是每个成功投资者在股票市场必须要完成的最重要的工作。

中篇

渐入佳境有知有畏阶段

达克效应是一种认知偏差现象，它在股市的表现形式是这样的：炒股认知能力欠缺的股民往往在自己不知道风险有多大的基础上得出错误的结论，因而买入了垃圾股票，但是却无法正确认识到自身的不足，无法辨别自身的买入行为是错误的。大多数股民往往沉浸在自我营造的虚幻的优势之中，常常高估自己的逻辑分析能力，受自己认知缺陷影响，他们无法客观认知股票世界。

第 4 章

股市投资风险与如何防范

投资者经过股市持续10年以上的学习实践，在牛去熊来中经历两个周期以后，逐渐建立起属于自己的股票交易系统。这个时候，投资者的投资心理也渐趋成熟，开始坚持熊市买入长线持有绩优股。这样做，他们就可以持续在股市盈利了。

股市的风险到底都有哪些呢？股市投资规律：每10个投资者，其中7个是亏损的，2个是持平的，只有1个是赚钱的。如果考虑到资金利息成本，在股市只要不赚钱就是风险。也就是说，股市中90%的投资者都处在风险中。我认为股市的风险主要来自两个方面：一个是系统性风险，另一个是非系统性风险。

1. 大盘涨跌的系统性风险

人们常说股市是国民经济的晴雨表。国家宏观经济形势的好坏，国家财政政策和货币政策的调整，世界政局的变化和汇率的波动，股市资金供求关系的变动，以及通货膨胀等，都会引起股票市场的波动。这种波动是全面的体系性的波动，比如牛市泡沫破灭后的熊市，股票全面调整，指数不断下跌挤泡沫的过程就是股市的系统性风险的表现。

2. 个股涨跌的非系统性风险

非系统性风险是股市投资的主要风险之一，它的表现之一是股市中的某些上市公司因自身经营思路和产品竞争力等方面的变化导致公司业绩下滑甚至亏损破产的经营风险。非系统风险影响的是单个公司，它与股市的其他公司没有直接关系。

非系统性风险主要包括以下两类：

（1）公司经营风险

经营风险主要指公司经营不景气，甚至失败、倒闭而给投资者带来损失的风险。公司经营、生产和投资活动的变化，导致公司盈利减少，从而造成投资者收益和本金的减少或损失。例如，经济周期或商业营业周期的变化对公司收益的影响，竞争对手的变化对公司经营的影响；此外，公司自身的管理和决策水平等都可能会导致经营风险；公司的财务风险，有些公司高杠杆经营比如地产公司、上市银行等，一旦公司经营困难丧失偿债能力，往往会给公司带来财务风险。

（2）公司非经营风险，道德风险是主要表现形式

道德风险主要指上市公司管理者的道德风险。上市公司的股东和管理者之间是一种委托代理关系。由于管理者和股东追求的目标不同，尤其在双方信息不对称的情况下，管理者的行为可能会造成广大小股东的利益受损。常见的有公司管理者做假账，虚增利润套取资金，或者隐藏利润打压股价配合建仓等。

明白了股票投资的主要风险来自股市整体的系统性风险和个股的非系统性风险，那么在股票投资中，最大程度防范系统性风险和非系统性风险就能使股票投资风险大幅降低。

下面谈谈在股市投资中如何来防范这两种风险。

4.1 选择好股票防范股市非系统性风险

股票投资选择股票非常关键，它决定了投资的成败，在买入股票时，一定要优中选优。截至 2024 年 4 月 30 日，在 A 股上市的公司有 5 372 家，由于产品竞争力关系，绝大部分公司经营寿命都是有限的。处在产品上升期的绩优股，当产品进入衰退期后就会变成绩差股。因此，5 000 多只股票中，绩优股大约占 6%，也就是 300 只股票。非常优秀的长期绩优股大约占 5‰，有 20 多只。

前面我们说过新股民最好选择指数基金，比如沪深 300 指数基金。它就是全面代表上海股市和深圳股市最好的指数基金之一。它选择沪深两市规模大、流动性好的 300 只股票，每半年调整一次，亏损和 ST 股票会被自动剔除，优秀且符合要求的股票会选入指数。所以，选择指数基金几乎不存在非系统性风险。也就是说，个股爆雷的非系统性风险对指数基金影响很小。但是，有经验的老股民却常常会选择买股票长线持有，原因就是选择优秀的股票是可以超越指数基金的，同时还可以参与申购新股取得额外收益。

什么是好股票？好股票的标准又有哪些呢？简单形象地说，股价能长期持续上涨的股票就是好股票。上市公司股价长期持续上涨的动力又是什么呢？回答这

个问题前，我们先看两只股票的利润和股价对比。如图4-1、图4-2所示。

图4-1 中国石油2007—2020年利润柱状图

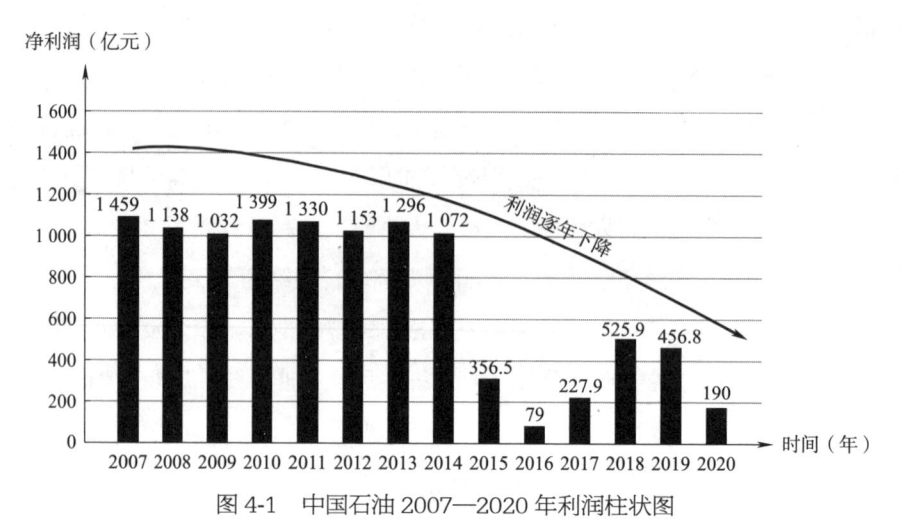

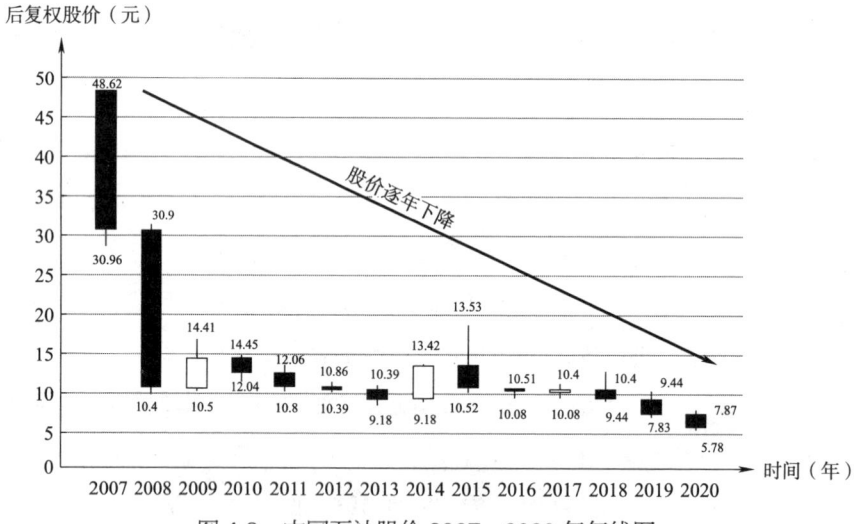

图4-2 中国石油股价2007—2020年年线图

中国石油2007年上市，当年报纸上财经文章都说它是亚洲最赚钱的公司。我们来看看它上市13年，每年的利润。上市就是利润最高点，然后13年来利润整体趋势是逐年下滑。再看它的股价走势，也是跟随公司利润的下降走势而下滑。也就是说，企业利润的下降是造成公司股价下降的根本原因。

图4-3和图4-4分别是贵州茅台2007年到2020年利润柱状图和贵州茅台每

年收盘价（后复权）K线图。

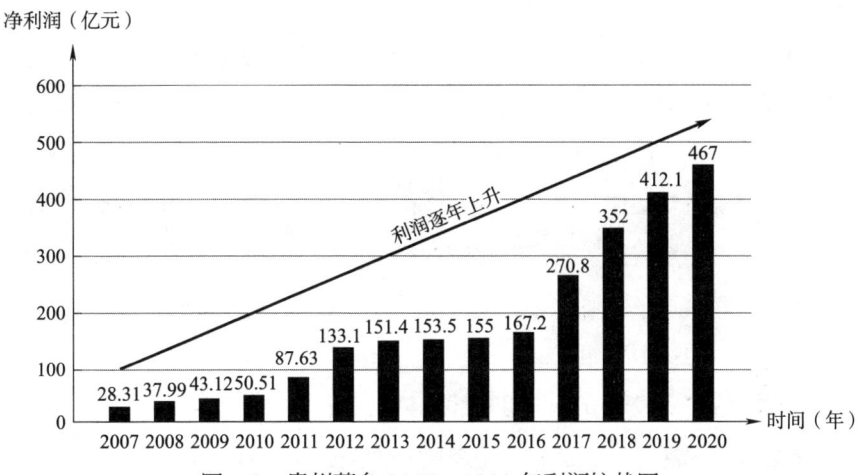

图 4-3　贵州茅台 2007—2020 年利润柱状图

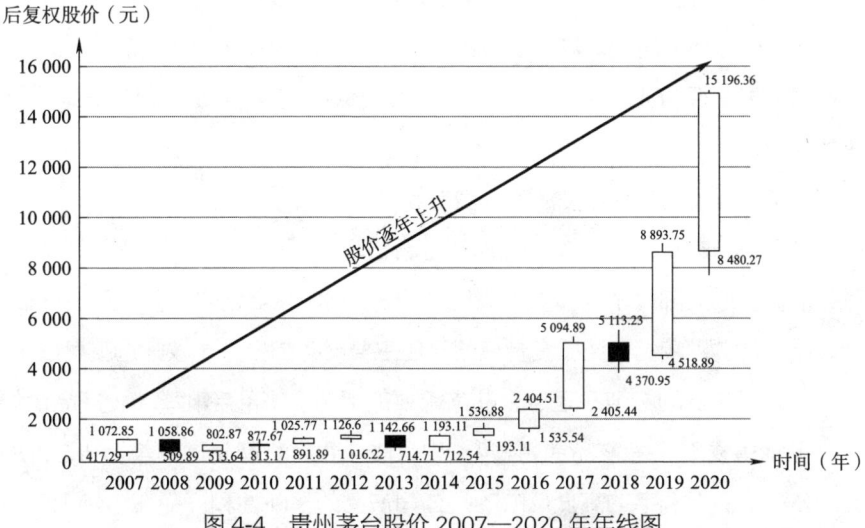

图 4-4　贵州茅台股价 2007—2020 年年线图

贵州茅台 2007 年利润为 28.31 亿元，2020 年利润为 467 亿元，13 年来贵州茅台利润增长了约 15.49 倍，贵州茅台 2007 年收盘价为 1 072.85 元（后复权），2020 年收盘价为 15 196.36 元，13 年来，贵州茅台股价上涨了约 13.16 倍。我们知道，2007 年底是牛市泡沫期，贵州茅台市盈率达到了 101.27 倍，也就是说，你哪怕在牛市泡沫疯狂期买入贵州茅台，持有 13 年也有超 13 倍的收益。

同样是在2007年底如果你买入中国石油，持有13年，不但没有盈利，还亏损80%多。中国石油和贵州茅台都是上证50指数和沪深300指数成分股，投资它们结果却完全不同，这就是绩优好公司和一般普通公司的差别。

长期来看，公司股价是随着利润增长而增长的。所以，选股票一定要选那些产品有竞争力和具有护城河的好公司，选那些利润长期稳定增长的优秀公司。

选好公司用一句话说就是选能赚钱、能长期产生利润并不断增长的公司。更详细地说，就是在选股时，一定要选赚钱行业的龙头公司。这些行业龙头公司的产品市场占有率很高。另外，这些龙头公司最好是具有长寿命特性的公司。

选择好股票的三步法如下：

第一步：看公司股票价格长期K线趋势图形。

K线图是会说话的。长期利润持续增长的好公司都有一个特点，以时间为横轴，股价为纵轴，好公司的股价会随着时间持续上涨。

看K线图形很关键，它是快速选股的第一步。仅仅看一下K线图形就知道这只股票要不要再深入研究。第一步就把A股90%的不优秀公司筛除了。

看图形要看股价走势的年K线图，上涨要保持10年以上，只有长期上涨的股票才算初选合格。

第二步：看公司产品毛利润和净资产收益率。

通过第一步的观察，在K线图形初选合格后，再进行第二步，即深入研究公司财务指标。绝大部分个人投资者看财务报表的水平是有限的，不可能分析得全面且专业。其实，我们普通投资者只要抓住主要财务指标来比较筛选就可以了。

上市公司产品的毛利率是一个非常重要的指标。产品毛利率＝（产品销售收入－产品销售成本）÷产品销售收入×100%。也就是产品进销差价与进价的百分比。公司产品毛利率的高低反映的是公司产品的垄断性和产品在市场上的竞争力。产品毛利率越高越好，较高的毛利率代表着公司产品在市场上有较强的竞争力，持续稳定的毛利率代表着公司产品具有独特性和垄断性。

上市公司另一个重要的财务指标是净资产收益率，它是净利润与平均股东权益的百分比，该指标反映股东权益的收益水平高低。净资产收益率指标值越高，说明投资带来的收益越高，公司经营能力比较强，资金使用效率比较高。该指标体现了自有资本获得净收益的能力，反映的是公司的成长性。净资产收益率当然也是越高越好，但是，现实中上市公司的净资产收益率能达到15%以上就可以接受了，超过20%那就很优秀了。

贵州茅台的财务数据是典型优质企业的代表：产品毛利率长年稳定在90%左右，净资产收益率长年稳定在30%左右，财务指标表现十分优秀。

第三步：公司产品寿命和企业文化比较。

公司产品寿命决定着企业的生存，典型代表有白酒、中成药，等等，这些存续了几百年的产品，它们的生命周期决定着生产企业经营的生命周期。

现在生产的工业产品生命周期都比较短，被新产品替代的可能性很大。例如，在模拟通信时代，如日中天的手机龙头公司摩托罗拉，曾经的经典型号摩托罗拉8800X手机的销量在20世纪90年代初期是多么辉煌，一部手机销售价三万多元，我在1993年到1996年使用过它。到了2G时代它就被诺基亚逐渐替代。曾几何时，诺基亚公司就是数字手机的代名词。诺基亚手机小巧玲珑、携带方便，连续14年占据手机市场份额头把交椅的位置，成为名副其实的手机行业第一名。2007年，苹果手机上市了，几年以后，诺基亚手机就被苹果手机淘汰了，该手机的生产厂商经营也大受影响。可见产品寿命对公司有多么重要。

企业文化也是观察上市公司很重要的指标，优秀的企业文化是企业可持续发展的重要组成部分，拥有优秀企业文化的上市公司会让投资者买入放心、持有安心。

经过以上三步法的筛选，A股中优秀的好公司就选出来了。每个股民能力圈不同，方法不同，所以得出的结果也会不同。投资者根据自己的能力圈会在自己熟悉的行业里选出自己了解的好公司。

我主要是从更长期的业绩增长确定性出发来选择股票的，食品饮料和医药行业股票选得比较多。如果你的能力圈包含科技股，自身是比较了解现代科学技术的股民，就可能选出更多的科技股。科技股业绩爆发力强，但是很难做到长期领先，放眼全世界，科技股中几乎没有百年企业存在。

下面用我的选股三步法，就如何在A股选出好公司进行具体分析。

按照上述三步法该怎样在5 000多只股票中选出好公司呢？5 000多只股票都过一遍太浪费时间了，也没有这个必要。有一个小窍门，宽基指数基金和行业指数基金都是由专家机构在A股选择绩优股组成的指数基金。在宽基指数基金和行业指数基金前十大重仓股里优中选优，这样就可以事半功倍了。

选择优秀的股票构建股票池：

宽基指数基金选了三只，深市一只、沪市两只，这样深市和沪市股票就都覆盖了，比较全面客观。宽基指数基金选择这三只：上证50ETF（510050）、沪深300ETF（510300）、深成ETF（159903）。

纵观世界股市，消费和医药两大行业是最容易出长线牛股的行业（A股也不例外）。因此，在证券市场中流行过这样一个说法：消费股和医药股是股市中的常青树。以上述认知为基础，行业指数基金选择下面六只：消费ETF，食品饮料ETF，医药ETF，医疗ETF，创新药ETF等。

2021年底统计，这九只基金持有的十大重仓股如下：

上证50ETF持有的十只重仓股：贵州茅台，招商银行，中国平安，隆基股份，药明康德，兴业银行，中国中免，伊利股份，恒瑞医药，中信证券。

沪深300ETF持有的十只重仓股：贵州茅台，招商银行，中国平安，五粮液，隆基股份，美的集团，东方财富，药明康德，兴业银行，中国中免。

深成ETF持有的十只重仓股：宁德时代，五粮液，美的集团，东方财富，海康威视，比亚迪，格力电器，泸州老窖，迈瑞医疗，立讯精密。

消费ETF持有的十只重仓股：贵州茅台，药明康德，中国中免，伊利股份，恒瑞医药，山西汾酒，海天味业，片仔癀，海尔智家，通策医疗。

消费ETF持有的十只重仓股：伊利股份，贵州茅台，五粮液，泸州老窖，山西汾酒，海天味业，牧原股份，洋河股份，温氏股份，酒鬼酒。

食品饮料ETF持有的十只重仓股：贵州茅台，五粮液，伊利股份，泸州老窖，山西汾酒，海天味业，洋河股份，酒鬼酒，重庆啤酒，古井贡酒。

医药ETF持有的十只重仓股：药明康德，恒瑞医药，爱尔眼科，智飞生物，片仔癀，沃森生物，泰格医药，长春高新，通策医疗，凯莱英。

医疗ETF持有的十只重仓股：药明康德，爱尔眼科，迈瑞医疗，泰格医药，康龙化成，通策医疗，欧普康视，爱美客，乐普医疗，金域医学。

创新药ETF持有的十只重仓股：药明康德，智飞生物，恒瑞医药，沃森生物，泰格医药，长春高新，凯莱英，复星医药，康龙化成，康泰生物。

以上是九只基金重仓的股票，基于我的能力圈和偏好，我在上市10年经过时间长期检验的公司中选出六只绩优股进行分析，并作为我建仓的股票池。所选股票是贵州茅台、片仔癀、中国中免、伊利股份、招商银行、东方财富，这六只股票中既有消费股、医药股，也有银行股和证券股。如图 4-5 所示，这些优秀股票组合有助于我防范资金风险。

图 4-5　用优秀股票组合防风险

备注：2022 年发行了中药行业指数基金中证中药 ETF 和鹏华中证酒指数基金酒 ETF，现在也进入了我选股的股票池。

下面逐一分析一下它们为什么进入我的股票池。

1. 贵州茅台

贵州茅台不仅是白酒龙头和消费龙头，它还是上证 50 龙头和沪深 300 龙头，可以说它是全 A 股最具业绩增长确定性的绩优股。由于茅台业绩增长的确定性，长期持有茅台想亏损概率较低。投资者只要做到不在牛市顶部区域买入，基本上长期持有都能取得比较好的投资收益。图 4-6、图 4-7、图 4-8、图 4-9 展示了 2011—2021 年贵州茅台的股价及业绩数据。

图 4-6 是贵州茅台 2011—2021 年股价走势图，它完全符合 45 度角长期增长的判定准则。虽然熊市个别年份有调整，但不改变其长期上涨趋势。图 4-7 是贵州茅台 2011—2021 年利润柱状图，贵州茅台的利润增长稳定并具有持续性。图 4-8 是贵州茅台产品销售毛利率十年柱状图，贵州茅台产品销售毛利率非常稳定，平均值高达 91.6%，这说明飞天茅台酒在白酒行业非常有竞争力。图 4-9 是贵州茅台净资产收益率柱状图，十年来，贵州茅台净资产收益率曲线平均值约为

33%，这在 A 股是非常高的指标。

  贵州茅台利润长期持续增长，产品毛利率和净资产收益率又高又稳。贵州茅台是白酒行业龙头，产品飞天茅台酒具有高度垄断性，酱香型白酒历史悠久、传承有序，符合长寿型公司产品标准。总之，贵州茅台是我眼中的明星企业，完全符合好公司的标准。

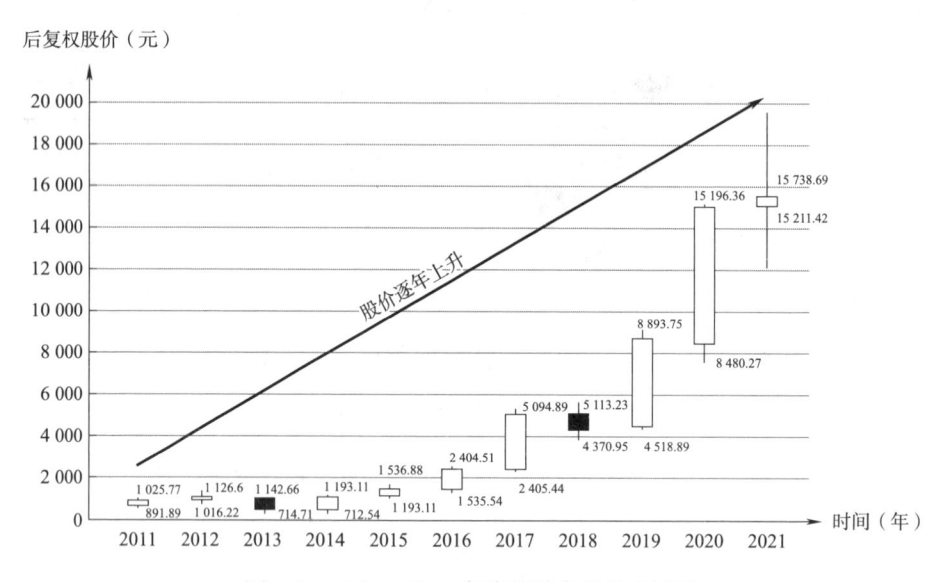

图 4-6　2011—2021 年贵州茅台股价走势图

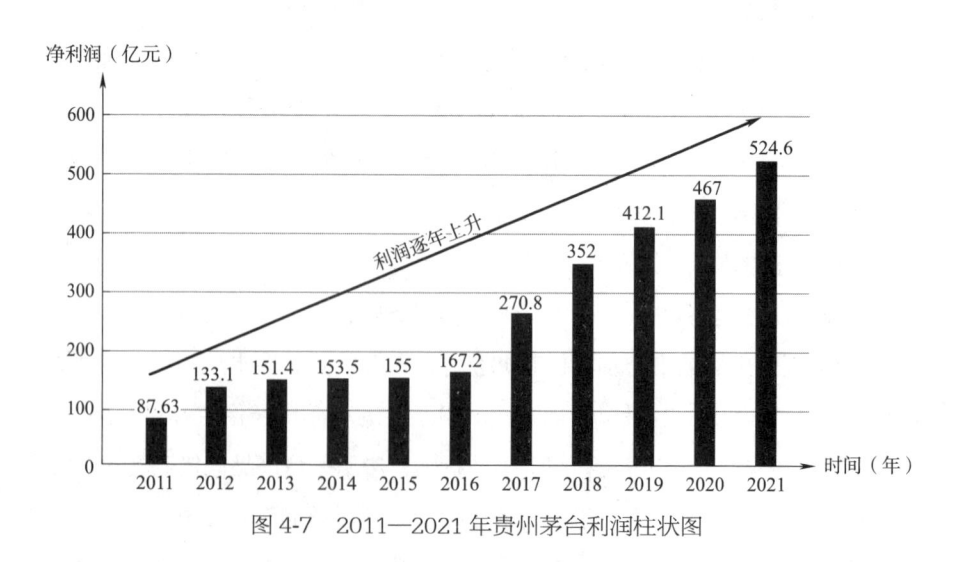

图 4-7　2011—2021 年贵州茅台利润柱状图

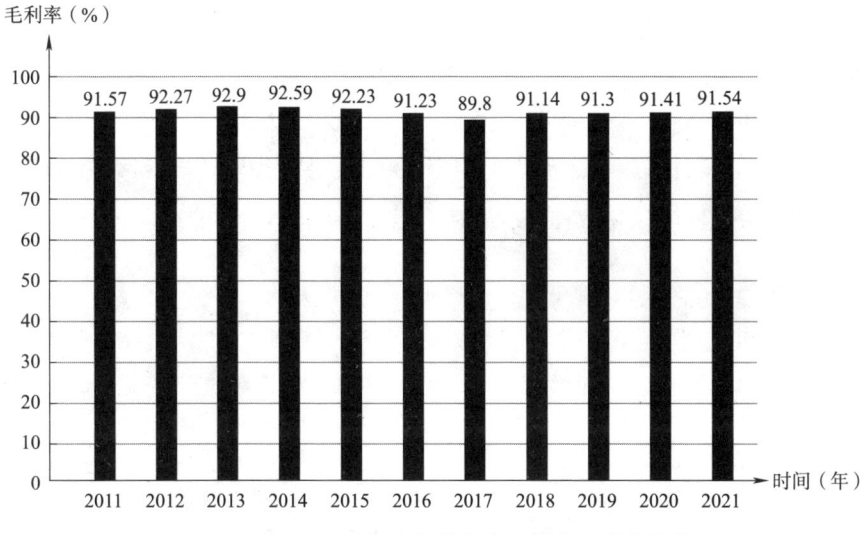

图 4-8　2011—2021 年贵州茅台产品销售毛利率柱状图

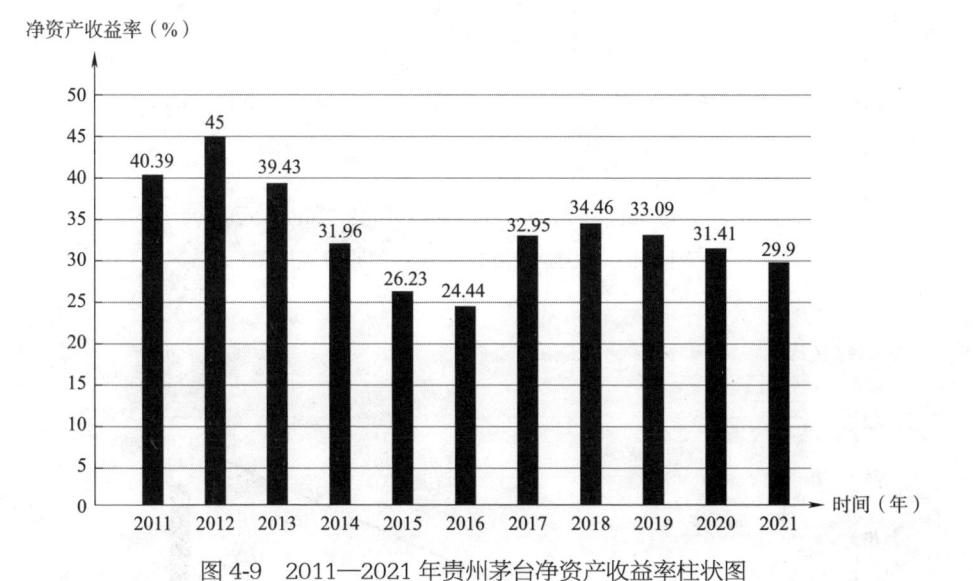

图 4-9　2011—2021 年贵州茅台净资产收益率柱状图

2. 片仔癀

　　片仔癀是中药行业龙头，其产品是有近五百年历史的传统名贵中成药，国家一级中药保护品种，其传统制作工艺入选国家非物质文化遗产名录，工艺和处方为国家"双绝密"，被誉为国宝名药。在中药行业连续多年出口创汇第一。

图 4-10、图 4-11、图 4-12、图 4-13 是片仔癀 2011 年到 2021 年，十年综合指标展示。图 4-10 是片仔癀 2011—2021 年股价走势图，片仔癀股价完全符合 45 度角长期增长标准。图 4-11 是片仔癀十年利润柱状图，片仔癀业绩长期稳定增长。图 4-12 是片仔癀产品销售毛利率柱状图，其十年销售毛利率平均值约为 48%，图 4-13 是片仔癀净资产收益率柱状图，其十年平均值约为 22%，也非常优秀。

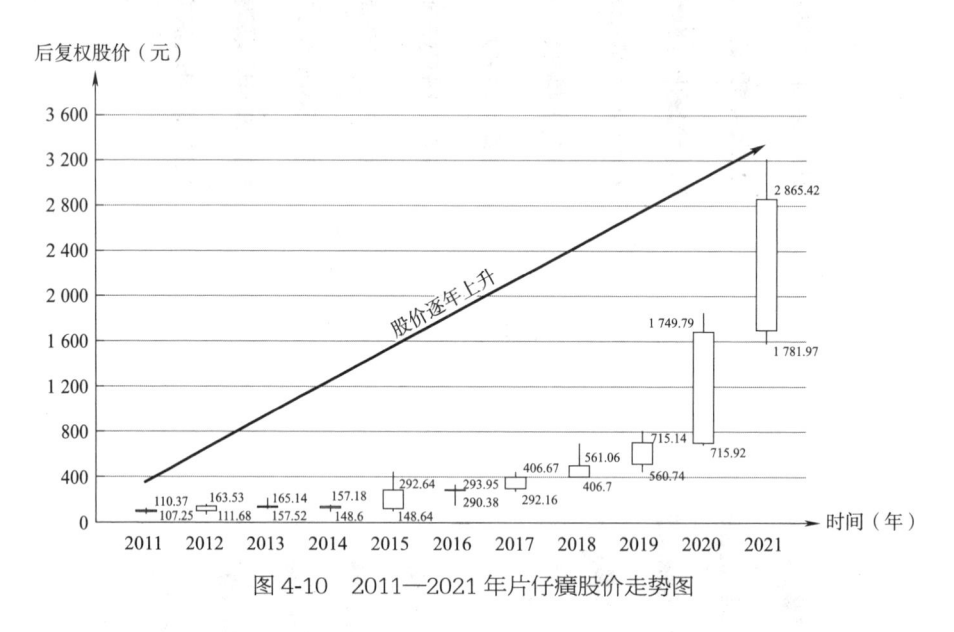

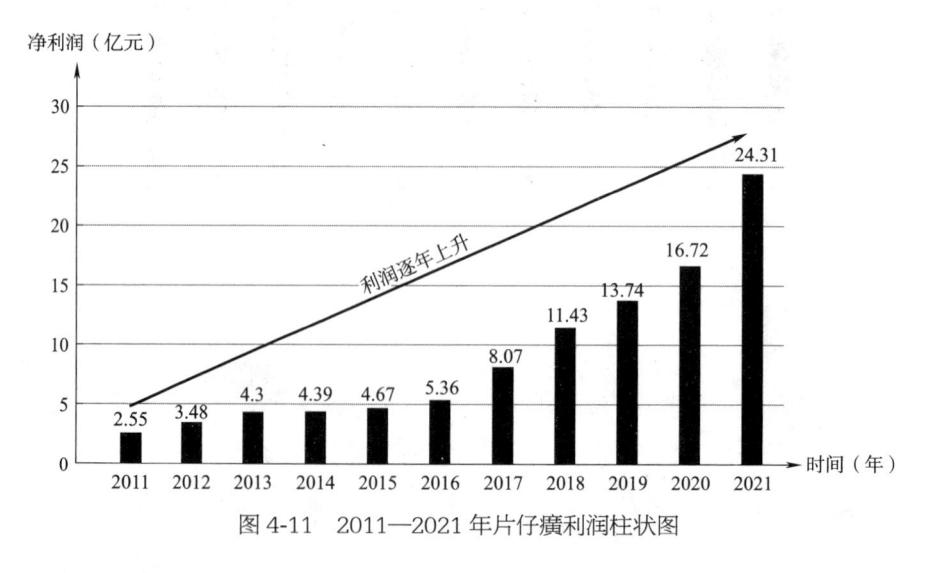

图 4-10　2011—2021 年片仔癀股价走势图

图 4-11　2011—2021 年片仔癀利润柱状图

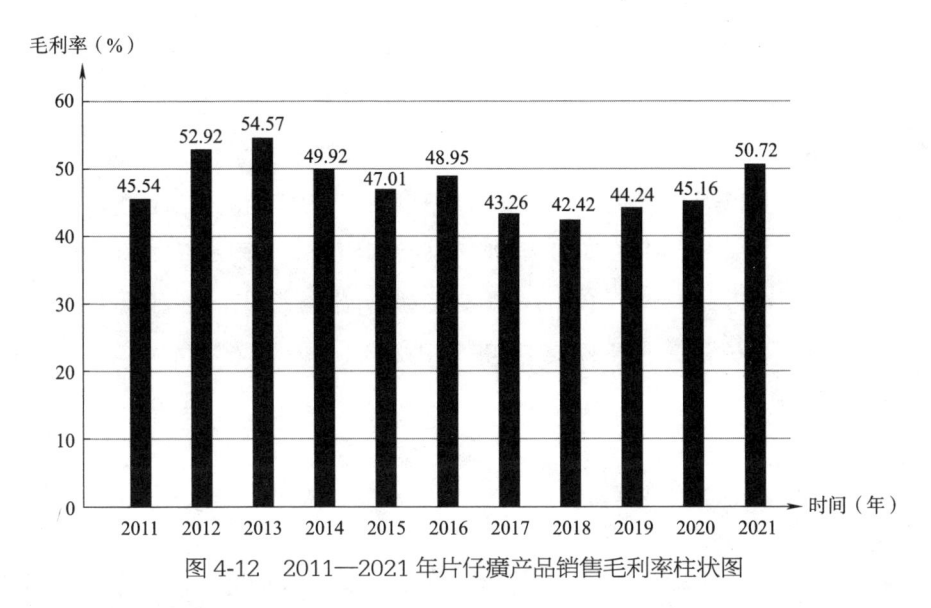

图 4-12 2011—2021 年片仔癀产品销售毛利率柱状图

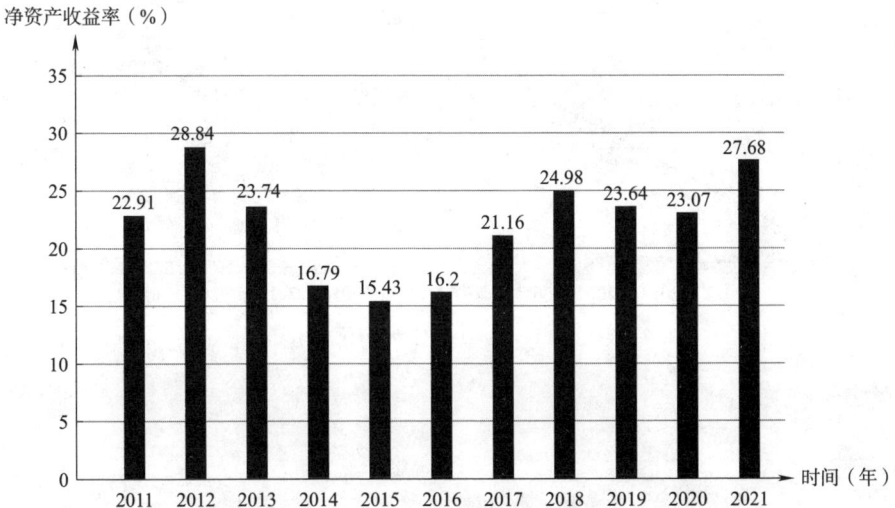

图 4-13 2011—2021 年片仔癀净资产收益率柱状图

片仔癀利润长期持续增长，产品平均销售毛利率高达 48%，平均净资产收益率高达 22%，同时也是中药行业龙头，拥有国家级保密处方，产品具有高度垄断性，为长寿型公司，完全符合好公司标准。

3. 中国中免

中国免税品（集团）有限责任公司自 1984 年正式成立，成为唯一经国务院授权，在全国范围内开展免税业务的国有专营公司，按照国家赋予的"四统一"

管理政策（统一经营、统一进货、统一制定零售价格、统一制定管理规定），对全国免税行业实施统一管理。目前已发展成为中国免税行业的代表和旗舰企业，是中国最大的奢侈品运营商。

图 4-14、图 4-15、图 4-16、图 4-17 是中国中免 2011—2021 年，十年综合指标展示。图 4-14 是中国中免 2011—2021 年股价走势图，它完全符合 45 度角长期增长标准。图 4-15 是中国中免 2011—2021 年利润增长图。图 4-16 是中国中免产品销售毛利率十年柱状图。图 4-17 是中国中免净资产收益率十年柱状图。

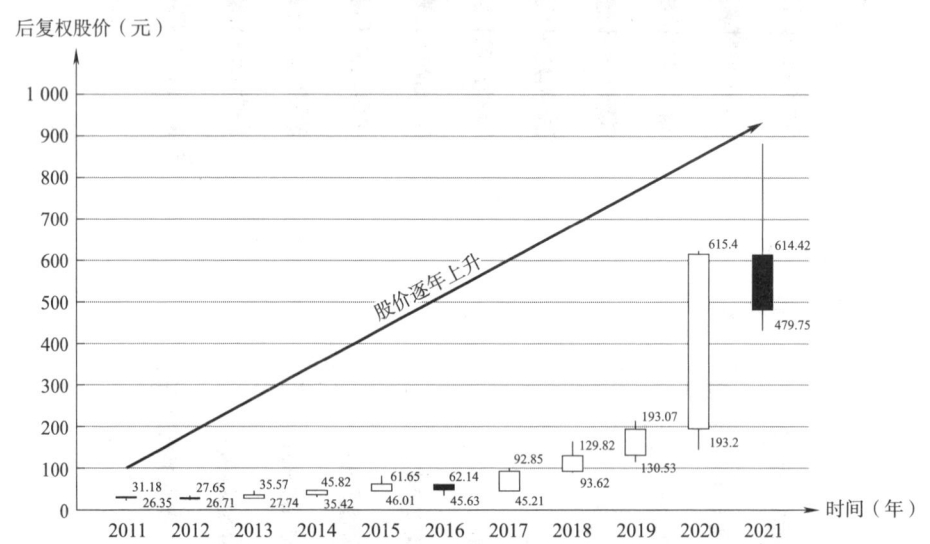

图 4-14　2011—2021 年中国中免股价走势图

图 4-15　2011—2021 年中国中免利润增长图

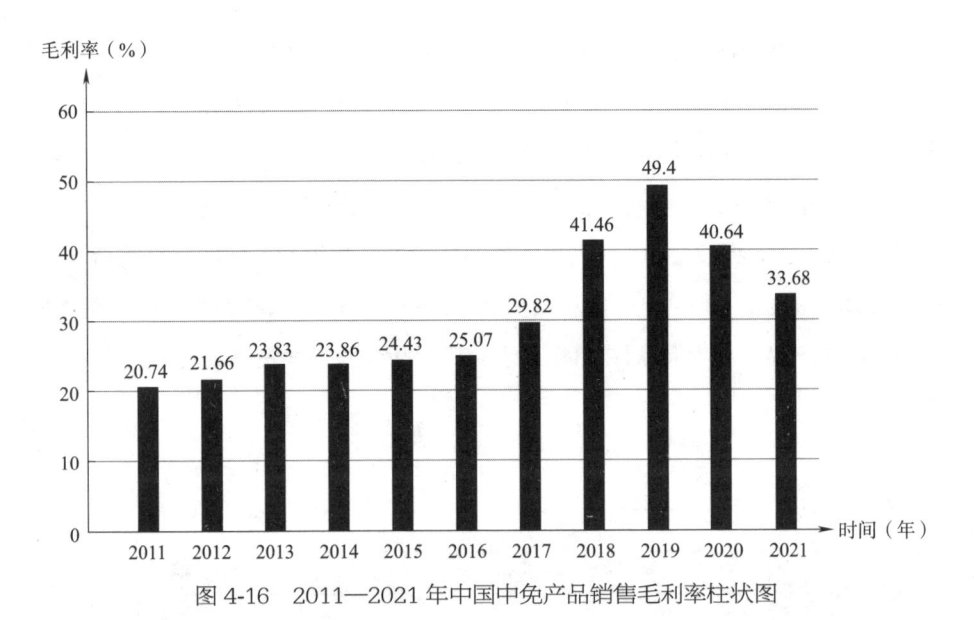

图 4-16　2011—2021 年中国中免产品销售毛利率柱状图

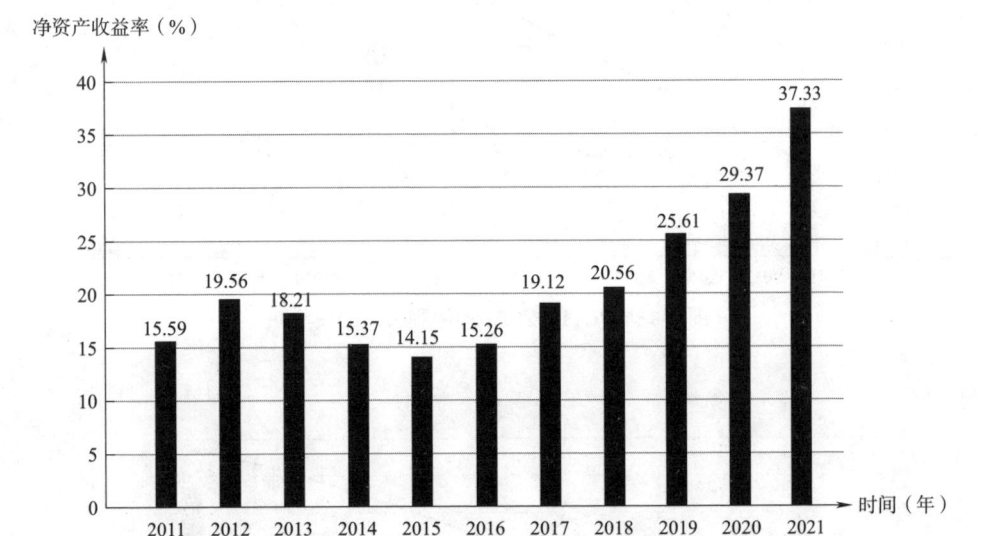

图 4-17　2011—2021 年中国中免净资产收益率柱状图

中国中免利润长期持续增长，产品销售毛利率十年平均值约为 30.42%，净资产收益率十年平均值约为 20.92% 是免税行业龙头企业，唯一在全国运营免税商品的公司，产品进货和销售具有高度垄断性，符合好公司的标准。

4. 伊利股份

伊利股份乳业规模亚洲第一，也是中国最大、产品品类最全的乳制品企业。同时，伊利还有两个唯一。它是中国唯一一家符合奥运会标准，并为 2008 年北京奥运会提供服务的乳制品企业；它也是中国唯一一家符合世博会标准，并为 2010 年上海世博会提供服务的乳制品企业。伊利股份凭借品牌和研发优势具有超强的渠道渗透能力，渗透率高达 90%，优质牧场资源也是伊利股份的核心竞争力之一。

图 4-18 是伊利股份 2011—2021 年的股价图，其股价走势图完全符合 45 度角长期增长标准。图 4-19 是伊利股份 2011—2021 年利润增长柱状图，图 4-20 是伊利股份产品销售毛利率柱状图。图 4-21 是伊利股份净资产收益率柱状图。

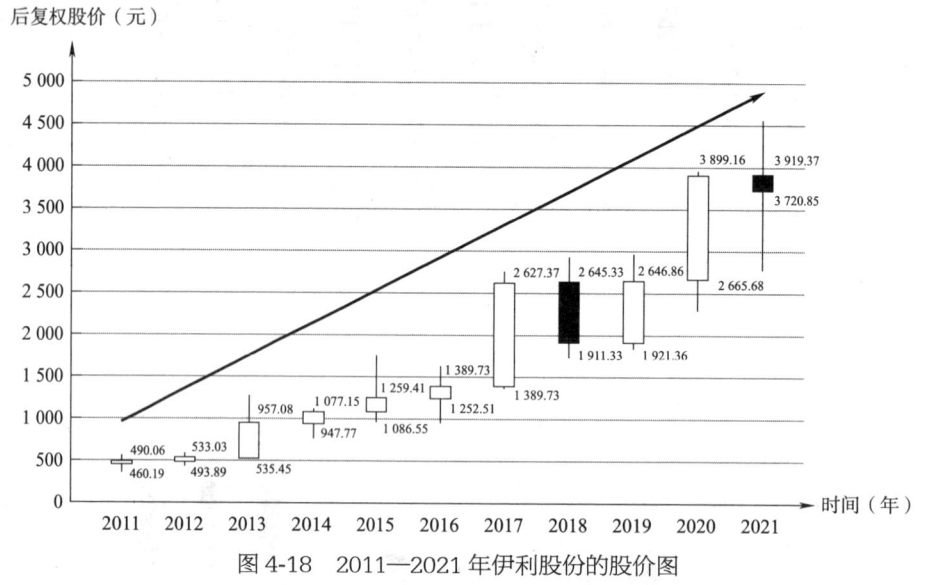

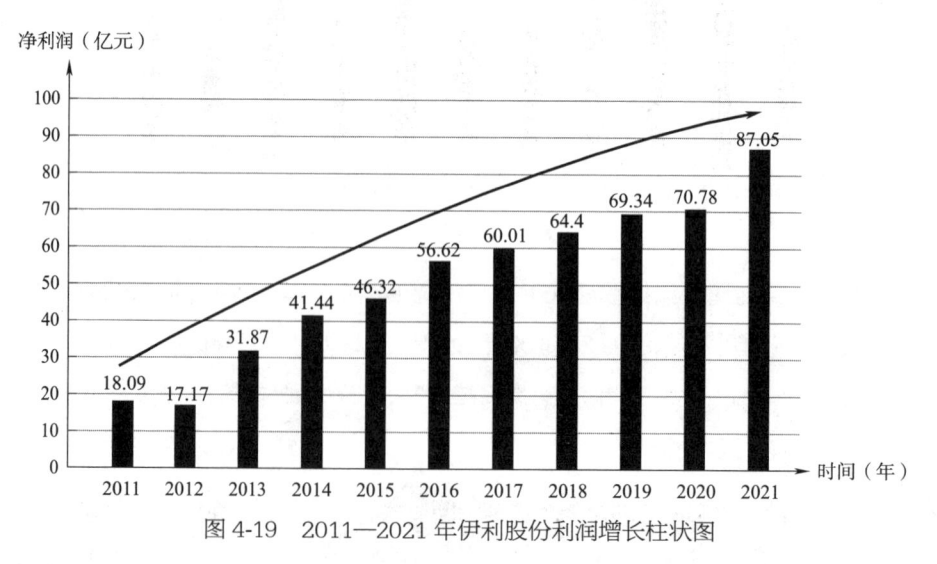

图 4-18　2011—2021 年伊利股份的股价图

图 4-19　2011—2021 年伊利股份利润增长柱状图

图 4-20　2011—2021 年伊利股份产品销售毛利率柱状图

图 4-21　2011—2021 年伊利股份净资产收益率柱状图

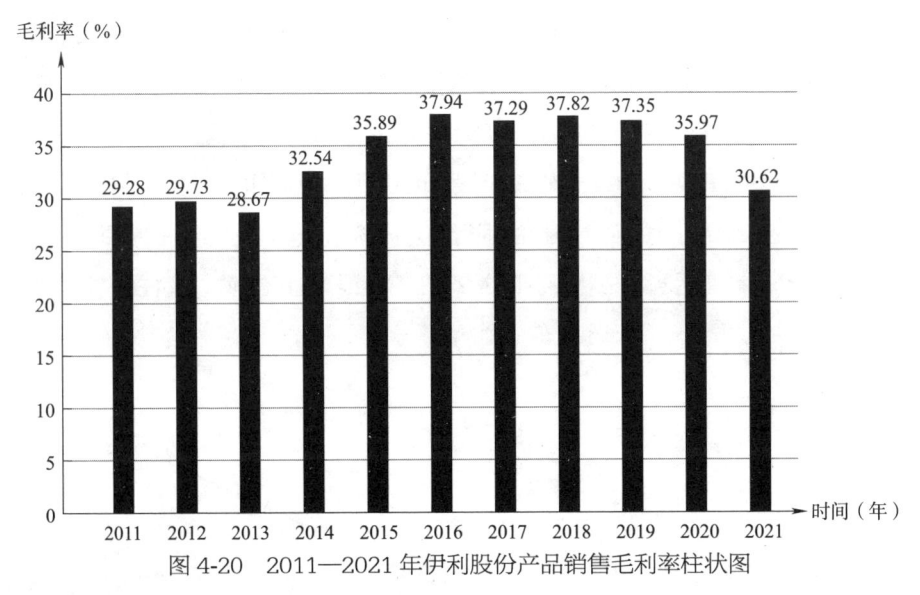

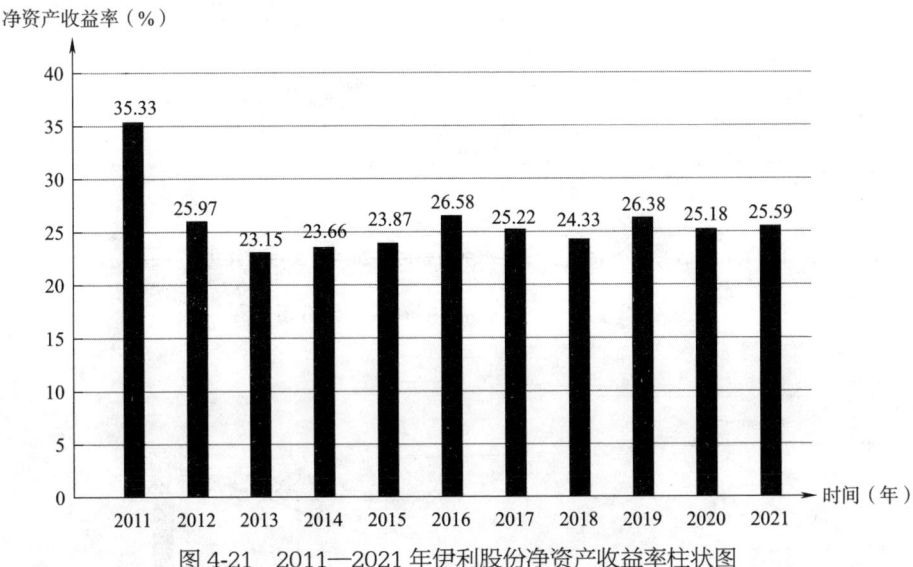

伊利股份利润长期持续增长，平均产品销售毛利率达到 36%，平均净资产收益率达到 23%，伊利股份乳制品行业产品占有率第一，品牌和规模，研发和营销能力，再加上优质牧场资源是其产品的核心竞争力。综上，伊利股份是行业龙头，产品有竞争力，符合好公司的标准。

5. 招商银行

招商银行是国内第一家完全由企业法人持股的股份制商业银行，也是国家从体制外推动改革的第一家试点银行，拥有商业银行、金融租赁、基金管理、人寿保险、境外投行等金融牌照。招商银行的特点是以"大财富管理"为主的"轻型银行"。2021年，招商银行连续第三年荣膺《欧洲货币》"中国最佳银行"。

图 4-22 是招商银行 2011—2021 年股价走势图，招商银行股价走势完全符合 45 度角长期增长标准。图 4-23 是招商银行 2011—2021 年利润增长柱状图。图 4-24 是招商银行产品销售毛利率柱状图。图 4-25 是招商银行净资产收益率柱状图。

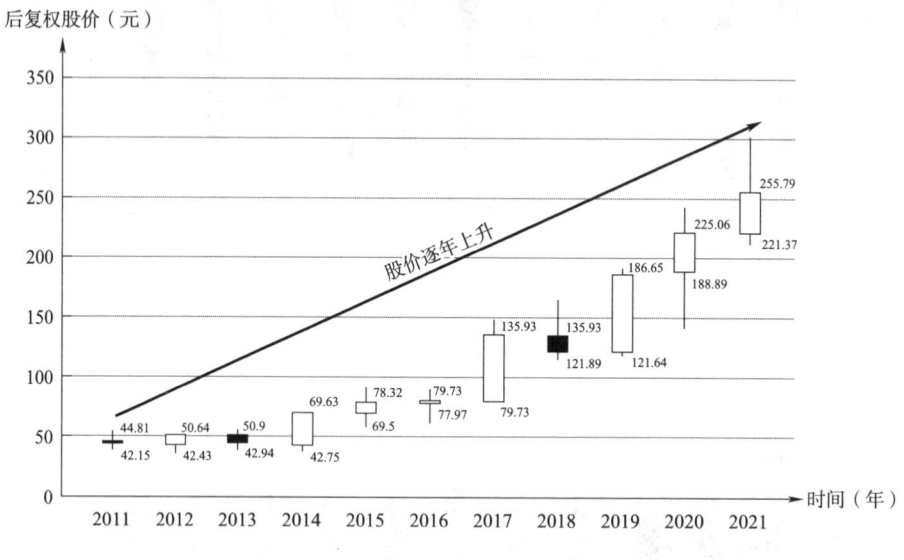

图 4-22　2011—2021 年招商银行股价走势图

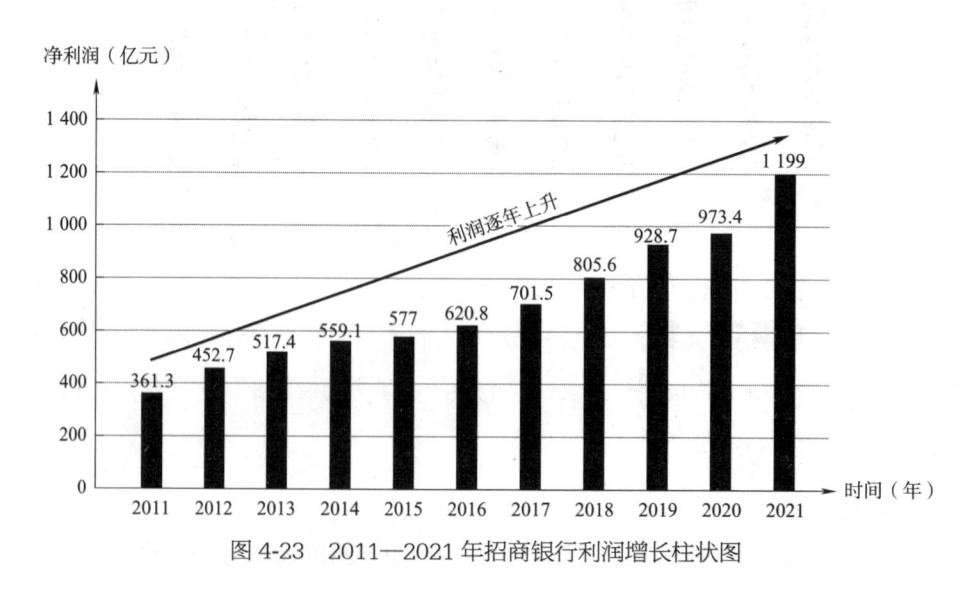

图 4-23　2011—2021 年招商银行利润增长柱状图

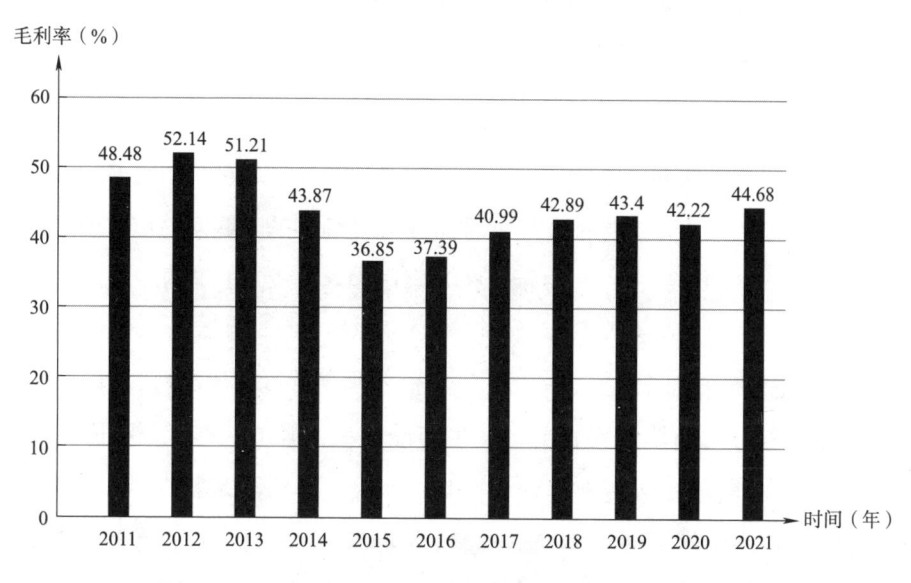

图 4-24　2011—2021 年招商银行产品销售毛利率柱状图

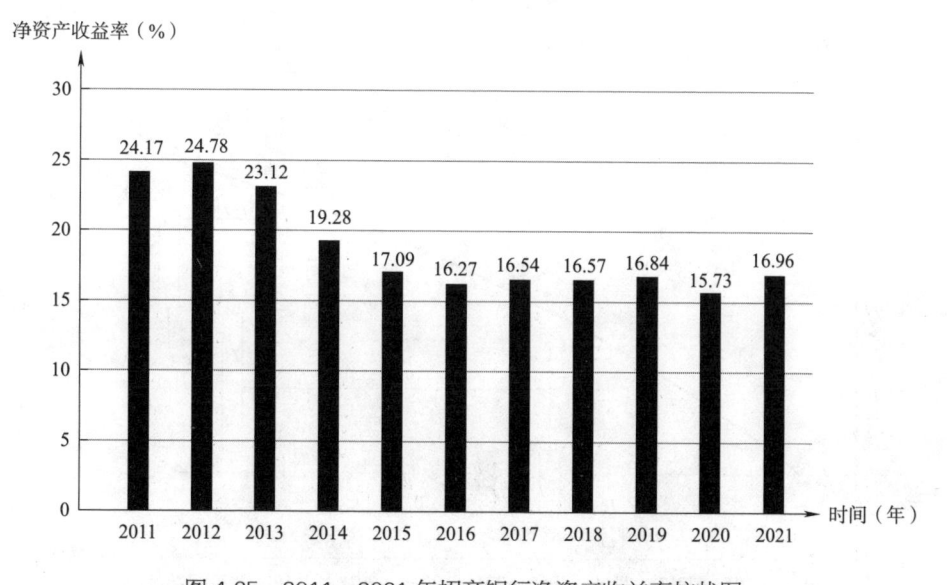

图 4-25　2011—2021 年招商银行净资产收益率柱状图

招商银行利润长期持续增长，产品平均销售毛利率高达 42%，平均净资产收益率约为 15%，招商银行是银行业龙头企业，马蔚华建立的优秀企业管理团队是招商银行的核心竞争力。科技创新加高效管理使招商银行成为中国最佳商业银行，其中，零售金融是招商银行的王牌业务。招商银行是银行业龙头，产品有竞争力，优秀的企业文化和管理团队符合好公司标准。

6. 东方财富

东方财富是一家有别于传统券商的新型互联网券商。它的销售毛利率和净资产收益率显著高于传统券商，是A股非常有竞争力的互联网财富管理综合运营服务商。图4-26至图4-29展示了东方财富2011—2021年的股价及财务指标情况。

图4-26是东方财富2011—2021年股价走势图，符合45度角长期增长标准。但是，东方财富毕竟是证券股，牛市涨得猛，熊市跌得深，股价波动比较大。图4-27是东方财富十年利润增长柱状图，其利润是长期持续增长的。图4-28是东方财富销售毛利率柱状图十年平均值高达82%，这在券商股中是十分难得的。图4-29是东方财富十年净资产收益率柱状图，其平均值达到14%，这在券商股中也是最高的。

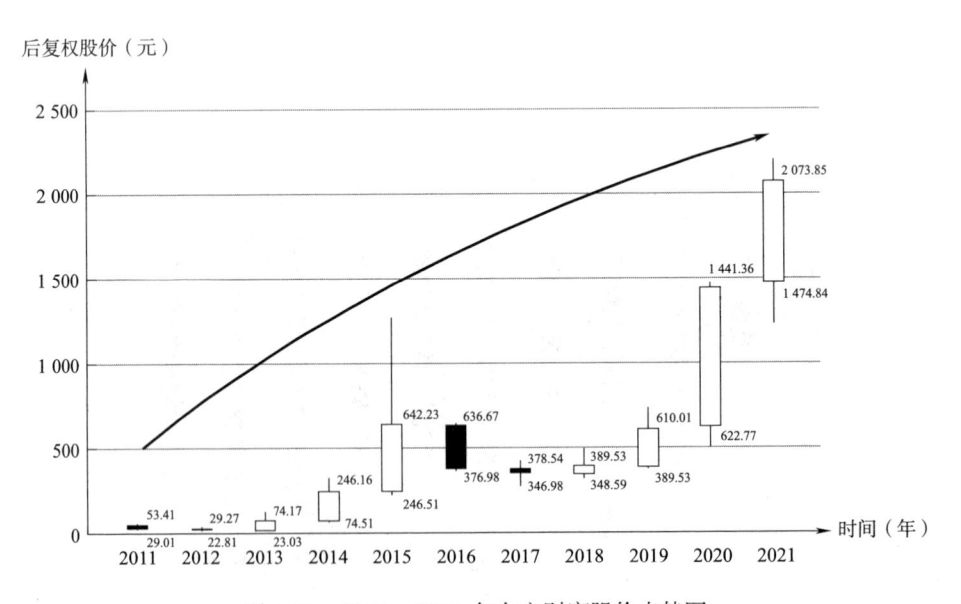

图4-26 2011—2021年东方财富股价走势图

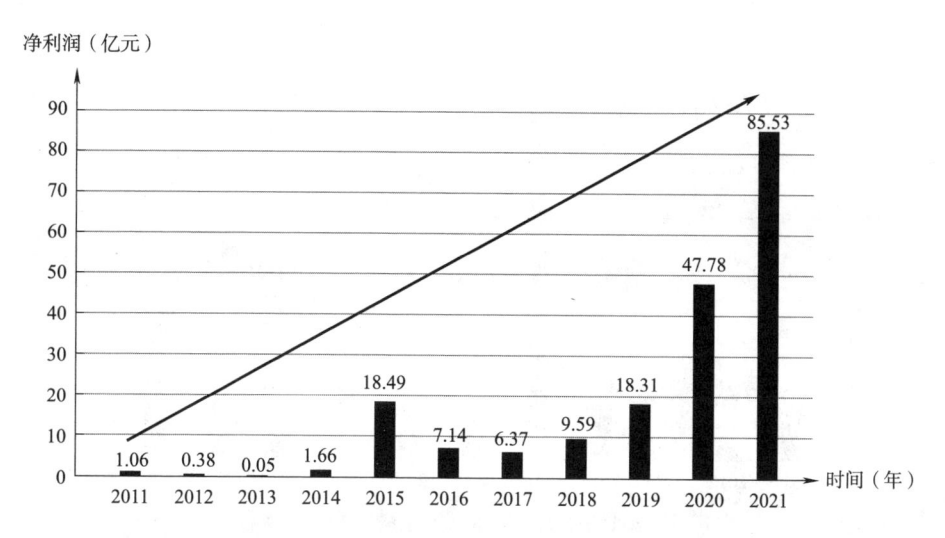

图 4-27　2011—2021 年东方财富利润增长柱状图

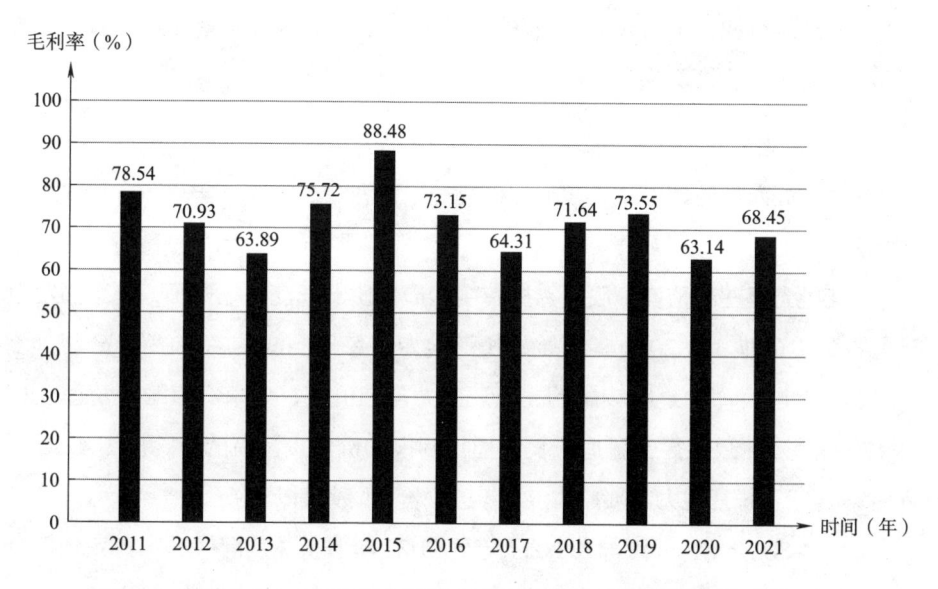

图 4-28　2011—2021 年东方财富销售毛利率柱状图

净资产收益率（%）

图 4-29　2011—2021 年东方财富净资产收益率柱状图

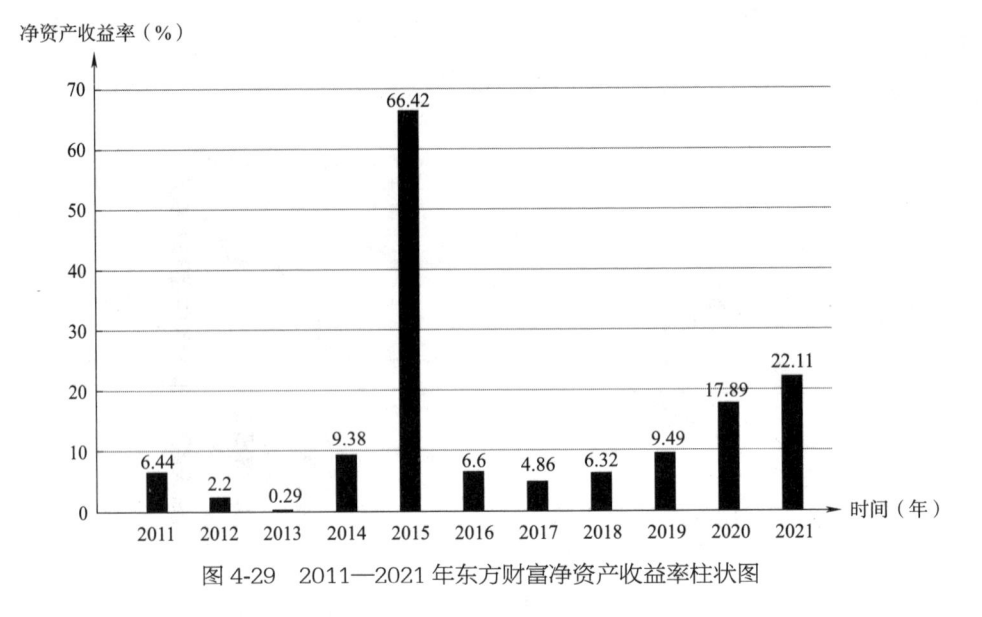

东方财富是证券行业龙头企业之一。不过，证券行业终究还是属于牛熊市股价波动巨大的行业，牛市来了业绩好爆发力强。这个特点投资者在建仓时一定要注意。

7. 长江电力

除了上面六只股票外，长江电力也是一只盈利模式优秀、非常适合长线投资的股票。

长江电力是垄断型资源股，它拥有中国最优质的长江水电资源，是水力发电行业的龙头企业。从 2021 年开始，长江电力将每年利润的 70% 用于分红，该分红率在上市公司中是比较高的。长江电力创造价值、分享价值的经营理念和积极的高额分红政策得到了追求长期稳定回报的价值投资者的青睐。图 4-30 至图 4-33 展示了长江电力 2011—2021 年的股价及财务指标情况。

如图 4-30 所示，长江电力 2011 年到 2021 年股价（后复权）走势完全符合 45 度角长期增长标准。长江电力净利润长期持续增长，十年平均销售毛利率高达 61.7%，十年平均净资产收益率约为 15.1%，绿色能源企业长江电力是中国最大的水力发电上市公司龙头企业，长江三峡水利资源永久使用权是它的核心竞争力，这样的公司符合价值投资者优秀公司的标准。

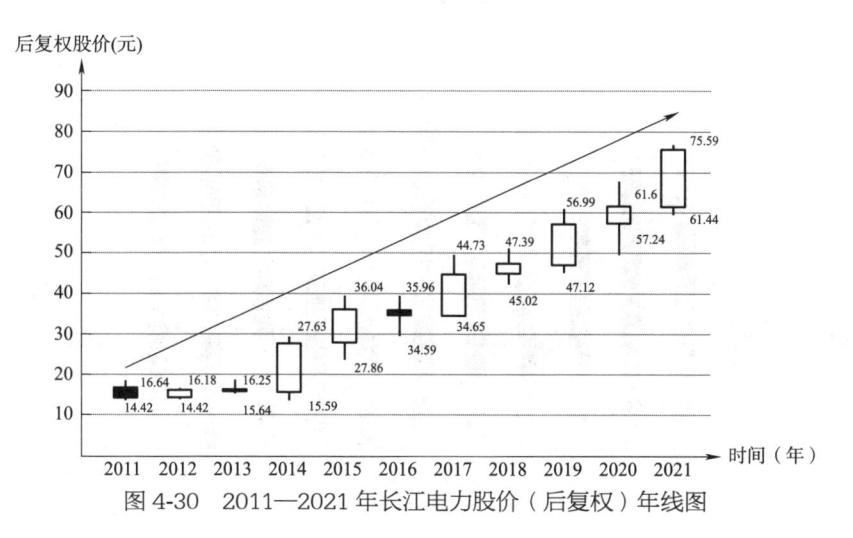

图 4-30 2011—2021 年长江电力股价（后复权）年线图

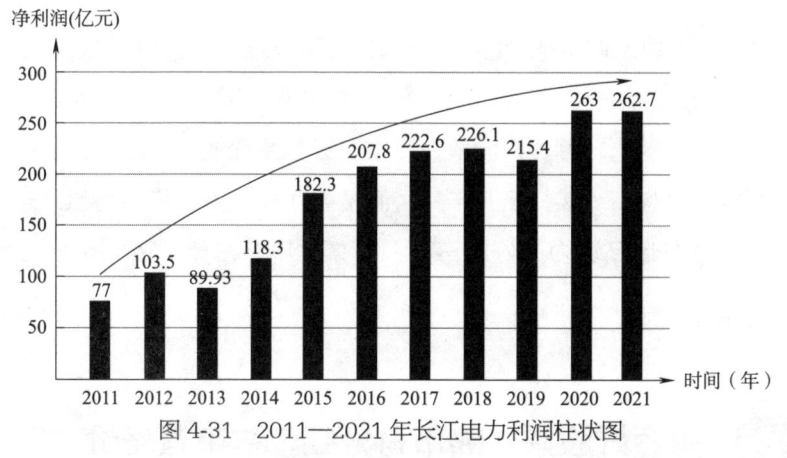

图 4-31 2011—2021 年长江电力利润柱状图

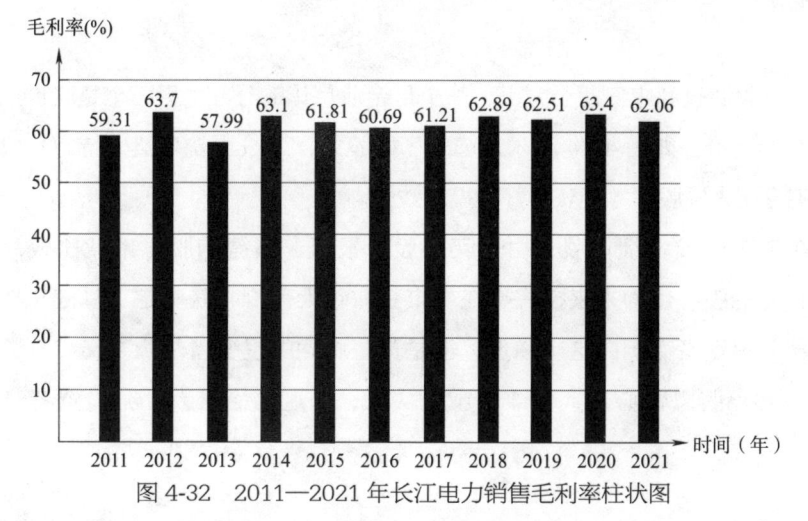

图 4-32 2011—2021 年长江电力销售毛利率柱状图

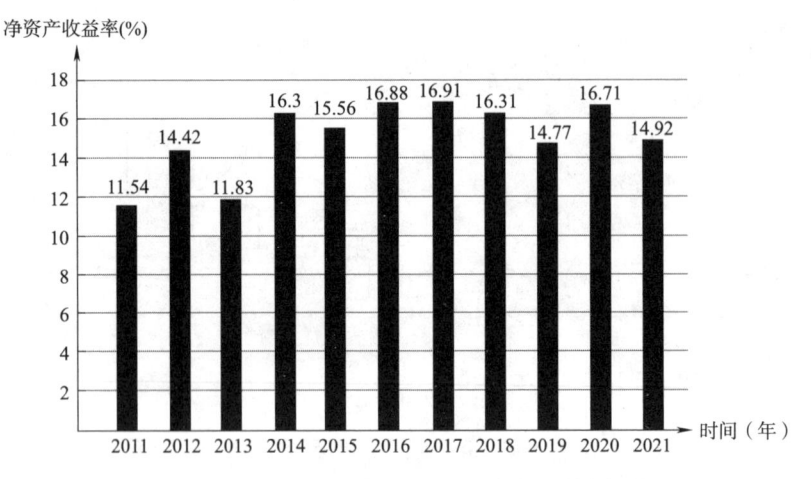

图 4-33　2011—2021 年长江电力净资产收益率柱状图

结论：对于缺乏调研能力的个人投资者，最安全的选股方法就是在机构和基金公司甄选过的绩优股里优中选优，并结合自己的能力圈，这样选出的股票业绩增长的可靠性比较高。好股票在股市永远都是稀缺的，所以，普通投资者持仓不要学习机构，一买就是几十只，而是要在能力圈里集中持股。总之，选股要从严，持有自己认为最好的三五只股票，只有这样才能安全放心地长线持有。

4.2　持有好股票：熊市有分红，牛市有差价

投资股票获利来自两个方面，一个是企业每年的分红，另一个是股价上涨带来的股票差价，如图 4-34 所示。选出了好股票，下一步就是买入持有。只有在熊市建仓买入好股票才能获得好的投资效益。

在熊市时投资绩优股，由于买入股价较低，获得的股息率就比较高，同时，较低的股价也为未来投资者在牛市获取较大差价收获奠定了基础。在股市的大部分投资者都明白这个道理，但是真正做到的投资者却少之又少。关键在于熊市要克服恐惧心理，要敢于重仓买入，而这恰恰是大部分投资者难以执行的。

下面我们就以股息率较低的贵州茅台股票为例来看看熊市建仓牛市收获的效果，过往的案例非常有助于提高投资者熊市建仓的勇气。

在 2008 年熊市时，贵州茅台股价从最高价 230.55 元，一直跌到最低价 84.20 元，年收盘价为 108.7 元。为了便于统计，案例中我们于 2009 年 1 月 15 日以 100 元整数价格买入贵州茅台 1 000 股。我们来看看熊市买入，长线持有到牛市的收益情况，见表 4-1。

图 4-34　投资者收益构成

表 4-1　买入贵州茅台牛熊收益情况

买入 1 000 股，	总投入 10 万元（交易费忽略不计）	
时　间	每股分红	金　额
2009-06-25	1.156 元	1 000 股分 1 156 元
2010-06-29	1.185 元	1 000 股分 1 185 元
2011-06-27	2.3 元	1 000 股分 2 300 元，送 100 股
2012-06-27	3.997 元	1 100 股分 4 396.7 元
2013-06-03	6.419 元	1 100 股分 7 060.9 元
2014-06-18	4.374 元	1 100 股分 4 811.4 元，送 110 股

2015 年 6 月，交易系统发出卖出信号，不参与茅台 7 月分红。以 6 月底收盘价 257.65 元卖出 1 000 股 +210 股的送股。（不复权）

持有茅台六年半时间，合计获得分红 20 910 元，相当于 10 万元总投入每年股息 3.21%，1 210 股茅台卖出 311 756 元。

股息 + 股票卖出款合计：332 666 元，6.5 年合计实现利润 232 666 元，复合增长率为 20.31%，投资结果相当不错。

股市中无数案例证明熊市买入，然后长线持有，最后牛市卖出是获得较高效益的投资策略。尤其对于资金量比较小的个人投资者非常合适。

股市投资中长线持有是很难的，尤其是在盈利状况下。许多投资者在亏损时可以坚持，甚至坚持很多年，盈利时却拿不住股票。为什么长线持有这么难呢？原因就在于股价的波动扰乱了投资者的心。当投资者账户开始浮盈时，大多数人很怕股价再下跌又出现亏损，就有了卖出股票的想法，他们想等卖出后股价再次下跌时买入。但往往牛市来了，股价开始持续上涨，大多数股民卖出后很难再买回来。

举一个人人都可以做到长线持有的例子。假如把钱存入银行，办理的是三年定期存款，银行每年付给储户3%的利息，大家都可以做到长线持有银行存单，等到三年后拿本金和利息。现在就来解决长线持有这个难题。

（1）熊市买入好公司可以把它看成是存入会赚钱的银行，公司每年的分红就相当于银行发的利息。从熊市到牛市一般需要5~6年，投资者可以把它看成每年派息的6年定期存款。不能随便取出，这样就可以忽略股价波动坚持持股了。

（2）熊市买入好公司要把眼光放远一些，要看到6年后牛市丰收的景象。红枣人人都喜欢吃，可是你知道从种下枣核到结出果实需要6~7年的时间吗？农民种下枣树要想收获香甜的红枣需要等待6~7年。从熊市投资买入到牛市卖出收获是需要时间的。股市投资者需要认清股市规律和发展趋势，顺势而为。只有认清趋势，蓄势顺势，才能取得最后胜利。股市如战场，熊市买入就是在蓄势，审时度势是决定股市投资成功的一个重要方面。从另一个方面来看，股市投资就是资本的相互博弈。在熊市底部区域建仓就占据了有利的态势，未来战胜牛市顶部区域买入的股民和机构是必然的。股市处在熊市底部区域时，它未来的发展方向必然是朝着牛市前进。这个规律就是势，而且是谁也无法阻挡的势。熊市发展到牛市需要5~6年时间，牛市的趋势一旦形成是会被不断地强化的，一直持续到牛市高潮。投资者从心底里理解和认清了这个上涨趋势，长线持有也就不难了。

从牛熊交替的趋势大局着眼，坚持在股市长线大波段追随牛市上涨趋势，是股市投资取胜之道。

4.3 配置市值打新股的收益分析

配置市值打新股是A股的特色，新股中签是证监会送给股市投资者的大礼包。投资者一定要重视打新股，全年坚持打新股的账户和不打新股的账户，收益上的差别是比较大的。

2021年网上申购新股上市概况如下：

2021年全年沪深A股新股发行481只，其中，沪市发行252只，深市发行229只。在这发行的481只股票中，大盘股有中国移动和中国电信，大盘股容易中签，但获利比较低。

中国电信发行价为4.53元，上市当天以收盘价6.11元卖出，中签1 000股盈利可达1 580元。中国移动发行价为57.58元，上市当天收盘价为57.88元卖出，中签1 000股盈利仅为300元。

全年盈利最高的新股是东鹏饮料，发行价为46.27元，上市时连续13个涨停板，第14天开板，按收盘价230.01元卖出，中签1 000股盈利183 740元。

全年发行价最贵的新股是禾迈股份，发行价为557.8元，中签500股需要交款278 900元，网上许多个人投资者放弃认购。上市当天以收盘价725.01元卖出，中签500股盈利83 605元。

全年上市首日破发亏损的新股有12只，都是科创板和创业板新股。其中，亏损最大的新股是科创板百济神州-U，发行价为192.6元，上市当天以收盘价160.98元卖出，中签500股亏损15 810元。

据统计，2021全年，在沪深主板上市的新股都是盈利的，所以，要坚持在主板申购新股。

2021年，网上申购新股上市收益统计概率如下：

个人账户如果按照30万元市值配置，其中，深市配置10万元市值，沪市配置20万元市值。全年坚持481只新股不间断每只都申购，中签概率大概是每个账户中签两次。账户全年打新利润大约3万元。全年打新股收益率大约在10%，差别是有的账户运气好盈利多一些，有的账户运气差盈利少一些。一年坚持481只新股申购操作可以提高账户盈利水平，是不是打新股和不打新股差别很大。如果投资者账户市值有60万元，可以深市配置20万元，沪市配置40万元。如果能开两个账户，比如夫妻各开一个，按照深市10万元、沪市20万元配置，打新效益会比一个账户好。资金更多，可以以此类推，让家人也开个账户，提高新股申购中签率。

投资者参与新股申购需要哪些条件呢？

1. 投资者参与沪深两市主板新股申购要求

（1）市值要求

持有上海市场或深圳市场非限售A股股份和非限售存托凭证总市值1万元以上（含1万元）的投资者方可参与网上发行。注意：沪深两市市值是分开计算的。

（2）市值计算方式

投资者持有的市值以投资者为单位，按其T-2日（T日为发行公告确定的网上申购日）前20个交易日（含T-2日）的日均持有市值计算。投资者持有多个证券账户的，多个证券账户的市值应合并计算。

2. 投资者参加科创板网上发行新股申购的条件

（1）符合科创板投资者适当性条件

①申请权限开通前20个交易日证券账户及资金账户内的资产日均不低于人民币50万元（不包括该投资者通过融资融券融入的资金和证券）；

②参与证券交易24个月以上；

③上海证券交易所规定的其他条件。

（2）市值要求

市值达到10 000元以上。

3. 投资者参加创业板网上发行新股申购的条件

（1）符合创业板投资者适当性条件

①申请权限开通前20个交易日证券账户及资金账户内的资产日均不低于人民币10万元（不包括该投资者通过融资融券融入的资金和证券）；

②参与证券交易24个月以上。

（2）市值要求

持有深交所非限购A股股份和非限购存托凭证总市值≥10 000元。

由于科创板和创业板发行的新股，市盈率比较高，风险比较大，容易破发，投资者打新股时，坚持在沪深主板打新，收益会更好。

4．个人投资者网下打新股

资金量大的个人投资者可以申请网下配售新股，个人参加网下配售的条件如下。

参与首发股票询价和网下申购业务的投资者应先要在中国证券业协会注册。

网下投资者注册，需满足以下基本条件：

（1）具备一定的证券投资经验。机构投资者应当依法设立、持续经营时间达到两年(含)以上，从事证券交易时间达到两年（含）以上，个人投资者从事证券交易时间应达到五年（含）以上。经行政许可从事证券、基金、期货、保险、信托等金融业务的机构投资者可不受上述限制。

（2）具有良好的信用记录。最近12个月未受到刑事处罚、未因重大违法违规行为被相关监管部门给予行政处罚、采取监管措施，但投资者能证明所受处罚业务与证券投资业务、受托投资管理业务互相隔离的除外。

（3）具备必要的定价能力。机构投资者应具有相应的研究力量、有效的估值定价模型、科学的定价决策制度和完善的合规风控制度。

（4）监管部门和协会要求的其他条件。网下投资者应当保证其提交的注册资料真实、准确、完整。证券公司应负责对所推荐网下投资者进行核查，保证所推荐的网下投资者符合上述第1条规定的基本条件，向协会申请注册，应当在协会网下投资者管理系统提交基本信息及相关资质证明文件。

基本信息包括但不限于：网下投资者名称（姓名）、网下投资者类型、证件类型、证件号码、网下投资者联系人、推荐证券公司联系人（推荐类投资者适用）、配售对象名称、配售对象种类、证券账户号码、银行账户名称、银行账户号。

网下投资者的每个股票配售对象仅能注册两个证券账户（上海、深圳证券交易所各注册一个）和一个银行账户，用于参与首发股票网下申购业务。网下投资者注册信息发生变更时，应于三个工作日内向协会提交注册信息变更申请。证券账户和银行账户一经注册，不得随意变更。

最后，根据首次公开发行股票网下发行实施细则的相关要求，网下投资者及其管理的配售对象以初步询价开始日前两个交易日为基准日，其在基准日前20个交易日（含基准日）所持有非限售A股股份市值的日均市值应为1 000万元

（含）以上，且不低于发行人和主承销商事先确定并公告的市值要求。

目前，主承销商都要求投资者市值到达 6 000 万元才能参与配售新股。所以，个人投资者实际网下配售需要 6 000 万元市值（沪、深两市分开计算），即达到 1.2 亿元市值才能同时参与沪深两个市场的新股配售。

2021 年网下配售新股收益统计概况：

2021 年，个人投资者网下申购收益大约为 54 万元（沪深两个市场）。按 1.2 亿元市值计算，市盈率仅约为 0.45%，是比较低的。数据统计显示，A 股网下新股个人申购参与投资者平均人数约为 8 000 人，对于他们来说，股市投资是主线，申购新股只是锦上添花的事。我坚持多年在沪市网下申购新股，收益率虽然不高，但每个月平均有 2 万~3 万元无风险打新股收入。网下配售新股收益现在呈现逐年下滑趋势。2021 年，个人投资者网下收益与 2020 年对比下降了约 50%。

4.4 我的投资笔记

1. 投资是股市认知博弈

2016 年 8 月底，为了打新股配市值，我在 35 元以下开始买入股票中国平安。当时我关注的低估品种都是银行、保险、证券类股票。考虑证券股熊市业绩太差，银行股弹性又不行，于是，打上海新股就买了保险股龙头——中国平安。

为什么买中国平安？一是估值低，二是高增长。保险股内含价值算法比较复杂，我们普通投资者算不了，就简单按照市盈率来估值吧。再说，中国平安按其集保险、银行、证券、科技于一身的业务特征来说，用市盈率来估值更合适一些。

中国平安上市十年（2007—2016 年）市盈率最高是 70.7 倍，最低是 8.8 倍（投资海外富通集团失败的 2008 年除外）。在 2016 年 8 月，中国平安 34 元股价对应 2016 年每股 3.5 元的净利润，市盈率是 9.7 倍，该数据在估值区域底部。再看看中国平安的每股收益情况，2009 年每股收益为 1.89 元，2010 年每股收益为 2.3 元，2011 年每股收益为 2.5 元，2012 年每股收益为 2.53 元，

2013年每股收益为3.56元，2014年每股收益为4.93元，2015年每股收益为2.98元（由于分红股票每10股送10股，这相当于原始每股收益为5.96元），2016年每股收益为3.5元（同上，相当于7元）。2009—2016年，中国平安每股收益从1.89元增长到7.0元，平均年复合增长率高达20.5%。中国平安和那些小盘股比成长，表现一点也不差。

炒股是对股市未来的认知博弈。比如在熊市，当多数股民包括机构和基金管理人认知发生错误，卖出股票时，被少数股市老股民在熊市承接，少数习惯熊市建仓的老股民将来在牛市，不仅挣了股票价值被低估后估值修复的钱，还挣了股票业绩增长的钱。股市认知博弈一定要建立在股市大多数人认知错误基础上，这点很容易做到，股市的羊群效应非常好。如果多数人的认知正确，那熊市就不会有那么多股民卖出股票导致股市持续下跌出现低估了。如果多数人认知正确，牛市就不会有那么多股民买入股票导致股市持续上涨出现泡沫了。

我们拿上证50的大盘股中国石油来比较说明一下，现在大家都知道它不是绩优蓝筹股了，在油价长期低迷时更谈不上业绩增长。中国石油2009年每股收益为0.056元，多年来油价波动利润下滑，到了2016年每股收益仅为0.04元，7年过去了，股价跌到了每股8元，和上市时最高价48元比下跌幅度高达83%。

再看看同样是上证50的大盘股中国平安，7年业绩增长了2.7倍。市盈率始终在10倍左右的底部，就是因为2008年投资富通集团失败亏损了157亿元，股市大多数人不认可中国平安大盘成长股的价值。这就为少数具有前瞻性的价值投资者提供了博弈机会。

对股市的认知能力是决定你是否挣钱的关键。你的认知能力必须建立在正确的逻辑上。例如，在熊市，当宽基指数基金平均市盈率跌到10倍以下就是底部区域，此时应分批买进。在牛市，当宽基指数基金平均市盈率高于20倍以上就是顶部区域，此时应分批卖出。这是放到全世界股市都正确的炒股逻辑。

有了正确的炒股逻辑，能不能实现盈利就要看你是否做到知行合一了。在2013年7月到2014年6月的熊市，当指数被低估时，我重仓买入指数基金深成B杠杆指数基金，由于对指数基金有近20年的研究，所以我有信心，敢于在大多数人卖出时越跌越买，敢于重仓，敢于满仓，敢于坚持己见不动摇，不怕自己是少数人。于是，在2015年5—6月指数被高估时，我分批全部卖出持股，盈利颇丰。熊市敢不敢重仓和满仓的根本原因是对股市认知够不够。

再看中国平安,中国平安完全符合好企业的标准,即好的行业、好的护城河、好的价格。

(1)好的行业

中国保险市场无论是保险深度还是保险密度都处在低水平上,若与GDP和人均收入形成共振,则行业发展潜力巨大。2016年中国保险深度是4.16%(保险深度=保费收入÷GDP,它反映保险业在国民经济中的地位),中国保险密度是2 258元(保险密度=保费收入÷人口数量,它反映国民参与保险程度)。

研究结论:全国保费收入从2015年、2016年开始以每年27%的速度增长,但是与世界发达国家比,中国的保险收入密度仍处于较低水平,有20倍以上的动态发展空间。中国平安未来发展成世界第一的保险公司是完全可能的。

(2)好的护城河

中国平安是保险银行证券全行业金融牌照,良好的体制、制度、文化,尤其管理层优秀而稳定是我最看好的。特别是平安优秀的培训体制和激励体制,一个季度代理人就能增长超10万人,可谓吸引力十足!

(3)好的价格

低估值,高增长数据前面已经说了,这里不再赘述。

结论:从发达国家保险业的今天看,未来十年是中国保险业发展的黄金十年。中国平安2007年10月牛市顶部复权最高价是71元,市盈率是70.7倍。2016年,中国平安复权最高价为56.17元,市盈率16倍(按2016年底每股收益3.5元算),连续多年超过20%的业绩增长率消化了高估值。

中国平安的雪坡很长很长,未来的业绩会持续释放。我认为:估值修复+业绩增长的戴维斯双击将再次在中国平安股价上体现。中国平安十年磨一剑,2016年基本面和技术面形成大周期共振向上趋势,未来的涨幅是完全可以想象的,很可能诞生一只大盘十倍成长股。

2. 做好准备与好公司中国平安相伴一个熊牛(2020年1月28日)

从熊市到牛市需要6—7年时间,这就是一座时间长度横跨七年的耐心桥,它横在股民持有绩优大白马后通向牛市丰收的道路上。90%的股民因为没有耐心而止步在这座桥前。一个熊牛是指从股市低潮的熊市播种建仓一直持有到股市高潮的牛市丰收。这一次中国平安的低潮是在2016年,下一次高潮应该在2023年左右。炒股就是面对未来股票的不确定性,每个股民的眼界和能力决定了其未来的投资业绩将出现极大的分化。我认为只有选择绩优的好公司长线持有,才能实现财务自由。绩优的好公司有一个共同的特点,那就是股价长期呈平均45度角爬坡上升。熊市爬得慢一点,牛市爬得快一点。

如图4-35所示,自2008年中国平安犯了错误以后,经过几年的努力,由"落后生"变成了"三好生"。2014年的中国平安估值回到十倍市盈率后就开始了45度角爬坡,在A股市场,绩优好公司都是明牌,大家都知道,但是大部分股民却不能拥有它们,为什么绩优的好公司总是带着少数人前行,让我来告诉你原因吧!好公司是要和优秀的股民相匹配的。优秀的股民已形成了成熟的投资逻辑和构建了成熟的交易系统,他们不仅有耐心,还有信心、决心。他们对公司的发展具有前瞻性眼光,他们一眼可以看到未来三年公司的利润实现情况。而股市上绝大多数股民不是这样的,他们太看重眼前利益,喜欢追热点,炒概念,走捷径,赚快钱。最爱在60倍至100倍市盈率的创业板和科技股里忙活,这些投资者股市修行不够,没有耐心,耐不住寂寞,哪里有热点就往哪里跑,因此,他们无法与被低估的好公司相伴共成长。这是由他们的眼界、格局和对股市的认知决定的。

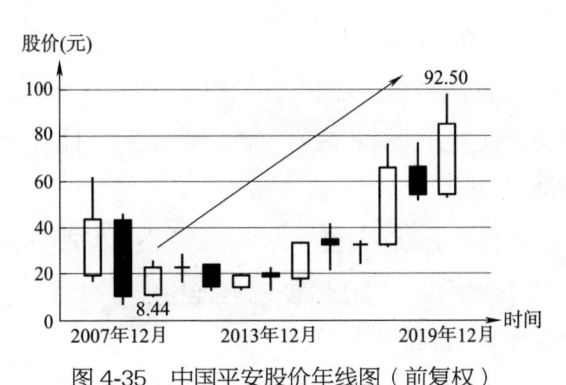

图4-35 中国平安股价年线图(前复权)

老股民的标准三要素:买好股,满仓干,拿得住。

第一条容易做到,大白马大多数股民都知道。第二条敢不敢满仓有点难,有一半股民做不到。最难的是第三条,股市90%的股民都拿不住股。绝大多数股民买白马股是因为追热点的结果,后面卖白马股也是因为又要资金去追科技股热点。尤其是一些专业的基金经理，他们还发明了一个新词——追求方向性资产，说白了就是号召股民追热点。于是一个熊牛下来，90%的股民被市场淘汰了，他们炒股最终的结果就是竹篮打水一场空。

最后，说一下我的另一个观点，其实每个公司都是带着少数人前行的。只不过绝大部分公司都不优秀，所以就把大部分股民带到沟里了。绩差垃圾股我们就不用说了，我们就看看沪深300、上证50指数里的样板股。我们按照后复权2008年熊市股价最低值算，中国平安带着60万股民，股价从20.3元涨到2019年的205.59元，11年时间上涨9.13倍。中国石油带着60万股民，股价从9.84元跌到2019年的7.83元，11年时间不仅没有实现利润，还亏损了20%多。

备注：我是2016年开始重仓中国平安的，而后因为客观环境变化和投资的华夏幸福出现重大亏损，中国平安基本面发生重大变化，于是我2020年5月以72元每股卖出了持有四年的中国平安，获利了结。

3. 抓住股票市场投资的确定性——按正确逻辑投资

我在股市投资大学的成功毕业或者说无师自通地熬过了股票投资的学徒期，关键一点就是学会了按正确逻辑投资股票。用正确的逻辑去发现股市中的确定性，然后用重仓拥抱这种确定性直至收获。首先，只有逻辑正确，你有"信心"敢于倾全力重仓买入，甚至包括运用适量的杠杆融资加仓。再配合多年股市修行练就的"耐心"，投资的耐心能保证你在震荡市中不为各种短线利润所诱惑，坚定持有3~5年，一直拿到牛市丰收的季节。因此，作为成熟的股民，信心和耐心是标配，缺一不可。而广大投资者碰到的问题常常是买进没有信心，不敢重仓；持有没有耐心，拿不住股票。

建立在正确逻辑基础上的股票投资方式，每一次从熊市到牛市的收益都是翻倍的，大约20年，这些收益足以让你实现财务自由。

我的股票投资逻辑具体如下：

在股市中，绝大多数股民都认为股票的涨跌是不确定的，股市是永远处在波动中的。没错，是这样的。但是，股票市场又确实存在着某些确定性。我就是靠在股票市场的不确定性中寻找这些确定性，并在确定性机会到来时，用重仓抓住它，实现了股票投资的复利增长。

股票投资盈利赚钱的逻辑：熊市股票估值较低时买入指数基金，一直持有到牛市股票估值较高时卖出获利。如此循环，可实现财富的不断增长。

我喜欢大盘蓝筹绩优股，因为能成长为大盘股的都经过了多年市场的竞争和考验，不容易踩雷，安全性高。从上证指数近十五年 K 走势图可以看出，每次大盘指数调整到指数下轨时都会产生买入机会。2005 年、2009 年、2013 年、2014 年、2019 年都出现了买入机会。而当上证指数突破上轨高估时，都会产生卖出机会 2007 年、2009 年、2015 年都是卖出机会，如图 4-36 所示。

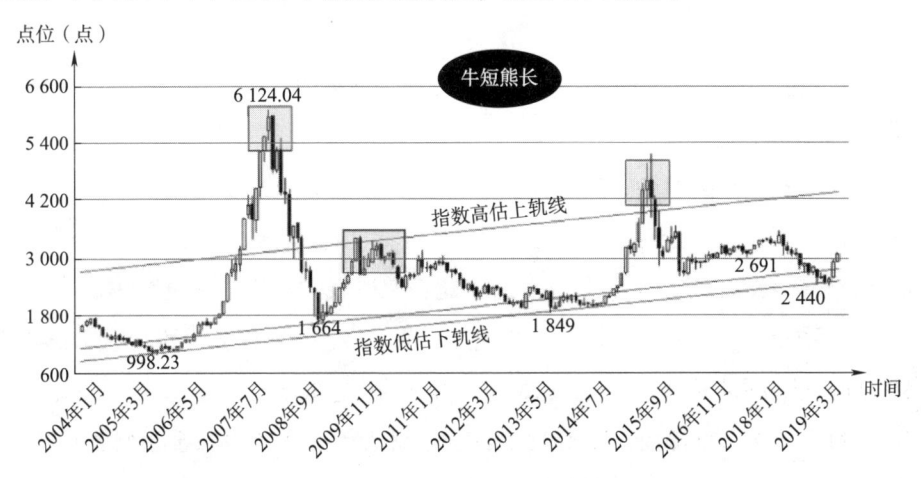

图 4-36 上证指数月 K 线走势图

如果以上证 50 指数基金为例来看，在平均市盈率 15 倍以下买入都是对的，在平均市盈率 25 倍以上卖出也都是正确的。

结论：在熊市指数基金低估时买入，等熊市过后，发生估值修复是确定的，也就是说，低估的指数基金发生估值修复是 100% 的。

从世界股市的发展历程来看，熊市过后发生估值修复是确定性的。美国道琼斯指数一百多年里，平均市盈率也是在 6~40 倍来回波动，所以，估值在 10 倍以下时，买入一定会有盈利机会。

因为熊市买入将来一定赚钱这个正确逻辑，我才有了建仓指数基金的信心。有了信心就敢建重仓。

实战案例：在 2018 年 10 月熊市底部区域，我建仓的是国泰上证 180 金融 ETF 指数基金，它是由保险、银行、证券等 50 只低估蓝筹股组成。2018 年 12 月建仓完毕，当时正处于深度套牢浮亏中，因为比预想跌得多，按价值投资的逻辑，越跌越有价值，所以超额多买了一些。

别人恐惧你贪婪，别人贪婪你恐惧。在大部分股民恐惧卖出时，你敢于不断买入，你买入的点位决定了你未来的盈利水平。看看 2018 年有多少基金在卖出，上海证券报 2018 年 12 月 11 日报道：数据显示 2018 年惨遭清盘的私募基金有 4 000 只，其中，大部分是因为净值跌破清盘线而被动清盘的；还有不少公募基金的专户产品也因为净值大幅下跌而被清盘。4 000 多只私募基金和公募基金专户产品因为净值跌到清盘线而卖出全部股票，股市越跌他们越卖，股市的底部就是他们卖出来的。

股市是一个知易行难的场所，言行合一特别重要。只有真正明白了价值投资，才敢在别人恐惧的时候，持续不断地买入。

面对 2018 年的机会，我没有放过。在 2014 年金融指数基金为 3 元时我没有买入，在 2016 年金融指数基金为 4 元时我也没有买入，在 2018 年金融指数基金为 5 元我满仓了，而且多买了些。建仓完毕我的平均成本是 5.75 元，分红 0.55 元后成本为 5.20 元，2019 年初就开始涨上来了，我把多买的卖出降低了融资杠杆，平均成本价为 4.9 元。这是一个很好的持仓成本价。

耐心！现在的问题来了，金融 ETF 还会上涨我们怎么办？金融指数 ETF 在何时是以慢牛的方式还是以疯牛的方式完成估值修复是有偶然性的，也是不可预知的。我股票投资赚钱最重要秘诀就是：在股市漫长的不可预知的等待中，坚信股市的确定性一定会到来！大家都知道，熊市指数被低估，牛市指数被高估。坚持熊市买入，并持之以恒不动摇，以股市估值修复的确定性应对股市短线涨跌的偶然性和波动性。不达目标绝不退出，这才是投资成功的关键。

第 5 章

投资的长期复利增长

据说曾经有记者采访爱因斯坦时问过他:"世界上最强大的力量是什么?"他回答说:"不是原子弹爆炸的威力,而是'复利',复利是展现时间价值最神奇的数学概念。"采访是真是假不重要,复利确实是普通投资者通过延迟消费,用本金加利润不断投资实现财务自由的重要手段。

所谓复利,是指每经过一个计息周期后,都要将所产生的利息加入本金,以计算下期的利息。也就是在每一个计息期中,上一个计息期的利息都将成为产生利息的本金。这种以利生利的计算方法就是复利,也就是俗称的利滚利。

5.1 神奇的复利

一个人如果 20 岁参加工作。每个月存 1 000 理财是很容易的。如果按照每年 5% 的利息计算,我们看看坚持 40 年退休时的复利效果,见表 5-1。

表 5-1 复利效果展示

年份	金额	复利年份	本利合计	年份	金额	复利年份	本利合计
第 1 年	12 000 元	39 年	80 457 元	第 11 年	12 000 元	29 年	49 393 元
第 2 年	12 000 元	38 年	76 625 元	第 12 年	12 000 元	28 年	47 041 元
第 3 年	12 000 元	37 年	72 976 元	第 13 年	12 000 元	27 年	44 801 元
第 4 年	12 000 元	36 年	69 501 元	第 14 年	12 000 元	26 年	42 668 元
第 5 年	12 000 元	35 年	66 192 元	第 15 年	12 000 元	25 年	40 636 元
第 6 年	12 000 元	34 年	63 040 元	第 16 年	12 000 元	24 年	38 701 元
第 7 年	12 000 元	33 年	60 038 元	第 17 年	12 000 元	23 年	36 858 元
第 8 年	12 000 元	32 年	57 179 元	第 18 年	12 000 元	22 年	35 103 元
第 9 年	12 000 元	31 年	54 456 元	第 19 年	12 000 元	21 年	33 431 元
第 10 年	12 000 元	30 年	51 863 元	第 20 年	12 000 元	20 年	31 839 元

续上表

年份	金额	复利年份	本利合计	年份	金额	复利年份	本利合计
第21年	12 000元	19年	30 323元	第31年	12 000元	9年	18 615元
第22年	12 000元	18年	28 879元	第32年	12 000元	8年	17 729元
第23年	12 000元	17年	27 504元	第33年	12 000元	7年	16 885元
第24年	12 000元	16年	26 194元	第34年	12 000元	6年	16 081元
第25年	12 000元	15年	24 947元	第35年	12 000元	5年	15 315元
第26年	12 000元	14年	23 759元	第36年	12 000元	4年	14 586元
第27年	12 000元	13年	22 627元	第37年	12 000元	3年	13 891元
第28年	12 000元	12年	21 550元	第38年	12 000元	2年	13 230元
第29年	12 000元	11年	20 524元	第39年	12 000元	1年	12 600元
第30年	12 000元	10年	19 546元	第40年	12 000元	0年	12 000元

每个月存1 000元，按5%复利理财40年后，就是128万元。如果20岁开始在股市磨炼，四十岁成为老股民。若将50万元用于理财，投资股市买好股，15%复利增长是可以实现的。20年后，50万元投资会变成818万元。如果这50万元投资款投资20年，并按照巴菲特25%复利计算，那就是4 336万元，复利的威力就是这么巨大。复利投资中有两个关键要素：复利的增速，增速越高复利增长越快；复利的时间，时间越长复利增长效果越好。当然，用于产生复利的起始本金也是非常重要的。所以，投资越早，拥有投资理财经验越久，投资效果就越好。

无数案例说明个人投资者在股市投资理财是可以实现财务自由的。股市对于个人投资者来说，是展现复利效应最好的地方，而一般存银行拿固定利息很难取得长期超过5%的复利收益。在股市长期坚持持有绩优股，取得15%的投资收益率是可以做到的，再努力一下，25%的投资收益率也是有可能的。

结论：靠存银行长期理财只能改善生活，要想跑赢通货膨胀就比较难了，想实现财务自由几乎是不可能的。银行理财容易做到，但经验告诉我们，凡是容易做的理财是没有超额收益的。银行理财和股市投资收益差距是巨大的，投资者在股市磨炼好心态，坚持买业绩不断增长的绩优股，树立长线持有的正确投资理念，就一定会取得良好的投资效果。

5.2 稳健第一，坚持投资伟大的企业

要想在股市安全稳定获得收益，持有伟大企业的股票是个人投资者可以采用的好方法。盈利模式独特，拥有垄断优势的企业，它们的利润能保持长期持续增长，投资这样的伟大企业复利效应最为明显。那么，在股市投资中，寻找伟大的明星企业难吗？绩优股和伟大企业的股票区别又在哪里呢？

我要特别说明一下，这里所说的伟大企业主要是从投资者角度出发来认定的，是从投资回报角度来衡量的。伟大企业是指那些特别能盈利的明星企业。

伟大的企业都是长寿的，长寿的企业才能为投资者带来更多回报。伟大企业的产品品牌都具有号召力和影响力，消费行业和中药行业容易产生长寿命企业，长寿命的产品是企业生存的根本保证。

消费品中的白酒是一个历史悠久的产品，独特的酿酒方法使中国白酒成为中华民族的一张名片。白酒文化是中华民族文化中的一个重要组成部分，白酒产品在中国有着坚实的群众基础，有着 800 年历史的酱香型白酒，是 A 股行业龙头公司贵州茅台出品的。

中医中药也是我国特有的，诞生于明代，有着近 500 年历史的片仔癀就是中药的一个杰出代表。著名的中药产品片仔癀是由在 A 股上市的漳州片仔癀药业股份有限公司出品的。

伟大的企业，产品要具有独特性和不可替代性。企业要有自己的核心技术。下面让我们来分析一下白酒行业龙头企业贵州茅台的主打产品飞天茅台酒和中药行业龙头企业片仔癀的主打产品片仔癀锭剂的独特性。

飞天茅台有哪些特点呢？我是白酒资深爱好者，喝白酒是从清香型汾酒喝到浓香型五粮液，最后停留在酱香型飞天茅台酒的。如果盲喝白酒测试，闭着眼睛各种白酒香型我都能区分出来。

言归正传，说说酱香型飞天茅台酒的特点。飞天茅台基酒的酿造过程需要一年，然后还需要存储三年以上，出厂前再用老酒进行勾兑。所以，产品一出厂就是五年的陈酒了。飞天茅台酒，酒体饱满，色泽微黄，入口酱香醇厚，回味悠

长。尤其是喝大酒以后，第二天的感觉也会很好。要想生产出飞天茅台酒，仅有独特的生产工艺还不够，还需要茅台镇当地出产的红缨穗高粱，最重要的是基酒必须在茅台镇特殊的微生物环境下酿造和存储。离开茅台镇就无法生产出茅台酒是飞天茅台最重要的独特性。在茅台镇，其他小酒厂无论在产品质量和品牌上都无法与飞天茅台形成竞争。因此，酱香型飞天茅台酒在白酒行业具有独特性。

片仔癀锭剂有哪些特点呢？片仔癀是国家一级中药保护品种，中华老字号，肝胆用药第一品牌。1992年，国家中医药管理局将片仔癀的具体配方和制作工艺列为国家绝密级配方，保密期限为永久。这样漳州片仔癀药业股份有限公司就是唯一的片仔癀锭剂生产厂家。

白酒行业和中药行业都具有高壁垒性，讲究历史传承。在这两个行业没有悠久历史的产品很难生存。飞天茅台酒和片仔癀的独特性决定了企业利润会源源不断地产生，投资这样伟大的明星企业才能实现长久持续的复利增长。

明星企业产品的独特性决定了其在市场拥有产品定价权，产品随着时间不断提价是企业利润增长的源泉。所以，研究上市企业，主要就看它的产品有没有独特性，有没有市场竞争力。在这里我举几个例子来说明一下，同样是中华老字号的上市公司同仁堂，它的龙头产品安宫牛黄丸，全国有133家企业可以生产，其中，漳州片仔癀药业股份有限公司也可以生产安宫牛黄丸，因此，同仁堂的安宫牛黄丸就不具有产品独特性。中华老字号上市公司东阿阿胶也是这样，同仁堂就可以生产阿胶，还有山东省福胶集团也是中华老字号，它生产的产品是福牌阿胶，所以，以阿胶作为主打产品的上市公司东阿阿胶就不具有产品垄断性。

如图5-1所示，选择伟大的公司，要在自己的能力圈里挑选。我选了我能力圈中的两个伟大企业贵州茅台和片仔癀。这算是抛砖引玉，投资者结合自己的能力圈，一定会在A股中寻找出自己心中的伟大企业。

图5-1 挑选自己心中的伟大企业

5.3 牛市与熊市机会的把握

如果说选股是造成大多数投资者亏损的重要原因之一，那牛市泡沫期可以说是另一个造成大多数投资者亏损的重要原因。因此，正确认知牛市和熊市对投资者非常重要。只有详细了解和把握股市里牛市与熊市的发展规律，才具备防范股市系统性风险的能力，使投资长期复利增长更高效和更有保障。

从全世界400多年的股票交易历史来看，股市是有规律可循的。所有股市都是按着牛熊交替的规律在运行。因此，把握熊市底部区域特征和牛市顶部区域特征，进行熊市买入牛市卖出的大波段长线操作，投资效果是非常好的。

大波段牛熊市操作主要比的是投资者的心理素质。熊市底部区域要"贪婪"，要敢于买入建仓。牛市顶部区域要"恐惧"，要舍得卖出减仓。大部分股市投资者都明白这个道理，但是却做不到。如图5-2所示，该图展现了一个完整的牛熊周期中，投资者买卖股票的心理状态。

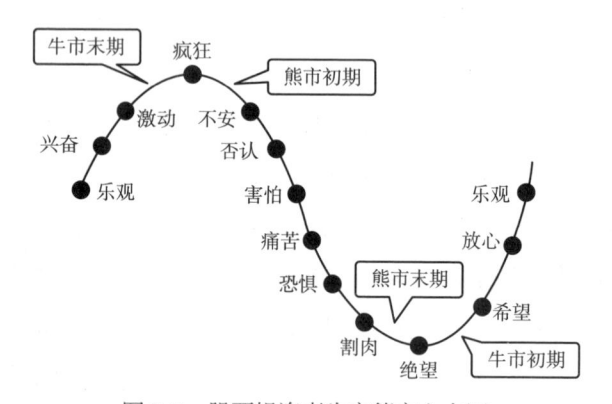

图 5-2　股票投资者牛市熊市心态图

熊市过后，一般大盘指数从底部上涨超过30%，就可以确定牛市来了，这个时候股市进入乐观阶段。比如2005年6月，大盘创下998点的低点以后，在2006年4月有效突破1 300点确立牛市进入乐观期；再比如2013年6月大盘创下1 849点的低点后，2014年10月有效突破2 400点确立牛市进入乐观期。牛市开始了，股票就是上涨、上涨、再上涨。总体是上涨多回调少，每次回调都在培养股民逢调整就买入的习惯。从乐观到兴奋，再到激动，直至非理性亢奋，这个阶段大多数投资者都处在赚钱的快乐中，只有少数老股民知道该撤退了。老股民严格按照自己的交易系统进行操作，在赚钱激动的同时，不断分批卖出自己的股票，在赚钱的快乐中保持着理性和冷静。

熊市从股民的不安焦虑阶段开始，经历自我麻醉的否认阶段，再后面就是害怕阶段、痛苦阶段、恐惧阶段、割肉投降阶段，最后是绝望阶段，漫长的熊市是对投资者心路历程的修炼，每个成熟的股市投资者都经历过多次这样的过程。

冬天最冷的季节到了，春天就不远了。当股市所有丧失信心的想卖出股票的投资者都卖出了自己的股票，股市没有了抛售的压力，有的只是少数老股民按照自己的交易系统在默默买入的行动力，牛市的希望阶段就来了。接着是牛市放心阶段，然后又开始重复进入牛市乐观阶段，这样一个完整的牛熊市就走完了。

熊市的恐惧阶段到牛市的希望阶段是投资者最好的买入建仓区域，牛市的激动阶段到熊市的不安阶段是最好的卖出获利了结区域。投资者要围绕着这两个区域去认识股市和磨炼自己的心态。股票投资有其独特性，熊市和牛市的心理感受仅仅靠看书学习是不行的，投资者必须亲自下场实践才能得到真实的心理体验。只有经过长期的实践锻炼，投资者的心理素质才能不断提高。

股市投资是对投资者心理的考验，在熊市，每个投资者内心都有与生俱来的恐惧心理，在牛市，每个投资者内心都有与生俱来的贪婪念想，能不能用理智的认知战胜恐惧和贪婪是摆在每个投资者面前的股市必修课。股票投资过程就是投资者自我心理管理的过程，什么时候管理好了，什么时候股票投资也就做好了。在熊市恐惧和绝望阶段，能把握住建仓投资良机，克服和战胜自己的恐惧心理，敢于买入，敢于满仓，是股市投资者心理素质成熟的标志。

5.4 我的投资笔记

1. 集中持有最优秀的公司，超越大盘指数

经历了2018年股市寒冬，2019年投资者迎来了股市的春天。回顾难忘

的2018年，从2月开始，上证指数从1月的最高点3 587点调整到全年最低点2 449点，整整下跌了一年，振幅达31.72%，数据显示，4 000多只私募基金净值跌到了平仓线，被迫清盘。

熬过了熊市，大盘指数在2019年1月创下2 440点新低后开始反转了。我的账户满仓了低估的中国平安，还加了合理融资杠杆买了金融ETF指数基金。2019年1季度金融ETF指数基金上涨26.2%，当时我决定锁定利润调仓换股。

为什么在牛市刚刚起步就调仓换股呢？起因是熊市转入牛市第一波快速上涨后，大盘都会进入一个震荡期。金融ETF指数基金里面的证券股波动大，不锁定利润有可能煮熟的鸭子就飞了。更重要的是，我认为金融ETF指数基金只能取得平均收益，难以超越大盘指数，想超越大盘指数就不能再持有指数基金。

最近我对巴菲特致股东信里的一段话有了更深的理解。巴菲特说："我们的目标是以合理的价格买到绩优的企业，而不是以便宜的价格买进平庸的公司，查理和我发现买到货真价实的东西才是我们真正应该做的。"巴菲特用二十年股市投资中的经验教训才明白了这个道理，由此可见，投资者要提高股市认知该有多难。

绩优企业都是明星并不难找，比如贵州茅台，投资者都知道它是A股最优秀的企业。但是，合理价格难衡量，什么是贵州茅台的合理价格呢？我想一千个投资者会有一千个不同的答案，但是，结果肯定是大部分投资者都认为贵州茅台股价太贵了。

我们来看看2019年3月底不同企业的估值情况。金融ETF指数基金持有的十大重仓股中有保险股中国平安、银行股招商银行、证券股中信证券等。中国平安市盈率为13倍，招商银行市盈率为10倍，中信证券市盈率为30倍，为什么贵州茅台市盈率是33倍？贵州茅台的估值为什么这么高？这样的估值合理吗？

一个企业的估值和这个企业产品的盈利能力相关。贵州茅台产品毛利率高达91.8%，其根本原因是贵州茅台有很深的产品护城河。飞天茅台酒只能在茅台镇生产，这是飞天茅台酒独有的特点。反观银行业，其产品雷同，企业众多，竞争激烈。证券行业政策陆续放开，随着投资者可以在多家证券公司开立账户，这必然导致证券公司之间竞争更加激烈。保险行业也竞争比较激烈，产品差异化较小。总之，贵州茅台在牛市初期33倍市盈率是由其产品的独特性决定的，这个估值是合理的。明白了这个道理，就敢于买入建仓了。

大部分投资者不买贵州茅台的原因都是因为他们感觉33倍市盈率的估值有点高。我在想如果贵州茅台估值和招商银行一样都是10倍市盈率，大家都要建仓会出现什么结果？一定是大家都抢着买贵州茅台。那么问题来了，都认为贵州茅台10倍市盈率估值合理，谁会卖呢？所以，市场决定了牛市初期33倍市盈率估值的贵州茅台才有买有卖。

我的观点：牛市初期就没有高估的企业，中国平安13倍市盈率为低估，贵州茅台33倍市盈率是合理的。当我明白了贵州茅台在牛市初期33倍市盈率的估值是合理的，于是就果断调仓换股卖出金融ETF指数基金，建仓了贵州茅台，而且起步就买了25%的仓位，这属于重仓持有了。

总结：以前我对最优秀企业的认识不够深刻，虽然早些年贵州茅台十几倍市盈率的时候也买过，二十几倍就卖了，调仓换股去买更便宜的一般企业了，这导致投资收益很难超越大盘指数，只有买最优秀的企业长线持有才能超越大盘指数。而产品具有垄断性、业绩长期稳定增长的企业就是我今后投资的目标。

2. 长线坚守寂寞持股，短线融资股海博弈

我的股票投资在战略上是藐视股市的，大多数基金经理都太年轻，他们的心态和成绩可能都不如我。我为什么这么说呢？因为他们管理的基金后面都是认购基金的普通股民，就算资金雄厚的私募基金股民也都是不成熟的新股民。他们如果成熟就自己买股了，不会去买私募基金。基金经理的操作也是追涨杀跌，每次熊市底部都是他们卖出来的。普通股民在熊市底部战胜不了自己的恐惧，不断赎回基金，小盘股流动性差，基金经理只好卖大盘绩优股，于是底部就这样被他们砸出来了。每次牛市顶部基金特别容易发行，广大新股民无法战胜自己的贪婪，好像谁申购得晚谁就吃亏似的。百亿基金发行经常一天就完成。基金经理拿到钱，面对统统高估处在泡沫状的股票，也只有买高估的绩优蓝筹股了，于是大盘的顶部就这样被他们买出来了。所以，在我眼里，大多数基金经理一点儿都不像专业投资人士，他们的行为受广大股民的制约和影响，真的有点儿像掌握大量资金的"大韭菜"。但是，在战术上我是非常重视他们的，合理分配资金，分批买股建仓，时间不长就能实现盈利了。下面就让我们一起来回顾总结一下跌宕起伏的2020年吧！

（1）长线持有 + 调仓换股

重点说说2020年上半年的账户调仓换股。我是天天看盘的，股票涨跌一点儿也不影响我的心态。但是，只要我持有的股票出现相对长期不涨或者下跌严重落后大盘指数的情况，我就知道这背后肯定有利空情况发生了。作为一个散户，在信息获得上和主力机构是不对称的。我搞不清股票下跌的原因是什么？但是我认为机构能搞清楚。只要看到他们卖出，我就跑，跟他们始终站在一条"战线"上。我会调仓换股到基本面良好的股票，这些股票也是我长期关注的好股票。我不关注的股票，即使机构在买，我也会无动于衷，毕竟投资不能出能力圈边界线。

2020年初，我的持股非常集中，融资账户长线持有两只股票，贵州茅台和中国平安。其中，贵州茅台仓位30%，中国平安仓位70%。大盘在3月创出2 646点的底。我的持仓组合由于中国平安的深幅调整（从2020年初的83元跌到了63元），严重落后于上证指数。

大盘见底回升，从2020年4月开始，我在其他股票里玩了一个月融资提款游戏，盈利23万元。看到中国平安严重落后大盘指数，短线小打小闹解决不了问题，"五一"假期经过深思熟虑，开始大规模调仓换股。这是一次对追赶指数乃至超越指数起关键作用的调仓，我卖出了持有多年的中国平安，同时买入建仓了片仔癀。片仔癀是一只和贵州茅台一样有着显著护城河的股票，公司股本小，发展前景广阔。

2020年融资账户获利最多的一只股票就是这次调仓的片仔癀。从2020年5月开始，一直到年底融资账户重仓股票始终是贵州茅台和片仔癀。

2020年末股市大涨，我已经连续两年在股市大幅超越指数了，最后这两天，我快速降低了融资杠杆，小心驶得万年船。

（2）短线炒股阻击战

经历了30余年的股市历练，我形成了两套股票交易体系。一套是长线交易系统，一套是短线交易系统。长线交易系统是在熊市底部区域建仓，牛市顶部区域卖出，中间阶段长线持有，这个是挣大钱的交易系统。它需要内心修炼予以配合。要有耐心，要经受得住熊市浮亏长期不涨的寂寞考验，还要有财富承受力，能经受住牛市初期和中期账户大幅盈利的诱惑，这样才能享受到牛市后期的丰硕成果。

传统股票投资教科书都是强调长线持有，不做短线。做短线没有好结果。现在我就来谈谈我自己对短线交易观念的理解与运用。

我的短线交易系统有三个关键点：

①一定要挣钱，要打有把握之仗。短线交易系统在牛市初期使用效果最好。牛市末期一旦我长线交易系统给出卖出信号，我短线就不做了。

②最好用融资，不能用自己的本金，因为本金都用在长线持有赚大钱中了。我的短线交易系统简单来说就是大兵团作战。比如融资额度有 1 000 万元就仅仅使用 10%~20%，永远都不要把融资额度用完，这是为了账户安全。用融资进行短线操作，要坚持集中优势资金，用拳头打跳蚤，打住就赢。

③一定要选 45 度角东北方向长年上涨好股票。在它们回调结束发出中期买入信号时，开始阻击战。分批次越跌越买，涨了就卖，挣多挣少都行，这样成功率就非常高了。

短线炒股效益不如长线，所以，大部分老股民都认为短线投机难以取得好的投资效果。我不这样认为，短线炒股主要追求的是快乐，而且我的确定性比较高，没有过重大失手。从 2020 年 4 月开始，我几乎把所有我眼中的绩优蓝筹股通通在短线上投了个遍，这些股票包括东方财富、泸州老窖、中信证券、山西汾酒、中国中免、云南白药、恒瑞医药、乐普医疗、恒生电子、老凤祥、中国人寿、马应龙、保利地产、长春高新、伊利股份等，都成功实现了盈利。

（3）对于高估值明星股票的一些思考

我的投资理念是买好股长期持有。有人说还要加一个好价格，我认为好价格不常有，因此不会为了好价格等几年，等下一次熊市好价格出现时才买入。价格合理或者偏贵，比如在牛市初期，有钱我就会买，稍微偏贵一点儿没关系，咱有阻击战战法降低持有股票的成本价。然后持有到牛市顶部卖掉，片仔癀虽然当时为 50 倍市盈率，但我就是这样买入的。

2020 年，对于高估值好股票，我的认识也在进一步提高。很多专业人士和基金经理都认为明星股票贵州茅台、片仔癀被高估了，有些甚至 2017 年底卖掉贵州茅台买入银行股，结果导致三年不挣钱。他们认为高估的股票未来一定会迎接戴维斯双杀，我认为他们是对的。但是，难道因为未来牛市山顶估值泡沫要破裂，最终迎来戴维斯双杀，我们这几年就什么也不做吗？我们就得待在低估值的股票里熬吗？不，我要在高估值明星股里快乐地等，在享受泡沫的同时时刻保持高度的警惕性就行。

股市规律：牛市的趋势一旦形成，它就会沿着上涨的轨迹一直走，一直要到明星股票被极度高估，股市所有股民都挣钱的那一天才会转向熊市。

3. 2021年股市投资不容易

在A股市场中经过2019年（收益68%）和2020年（收益60%）的大行情，我2021年初预测该年是投资小年。可是当真的走过了2021年，还是要感叹股票投资太不容易了，有人喝酒吃肉，有人吃糠咽菜。2021年是股市投资见真章的一年，是考验股市投资者功力的一年，是股市赚钱不那么容易的一年。

（1）2021年投资收益

2021年我的账户收益就像一辆过山车，三起两落跌宕起伏。春节前大盘一路高歌，上证指数创下3 731点全年最高峰。我的账户也创出全年浮盈最高点38.38%，随后大盘一路狂跌，我的账户从浮盈到浮亏，浮亏低点是5.95%。接着上证指数反弹到3 723点，我的账户也在6月的反弹中再次浮盈30.04%，随后大盘经历了更猛烈的下跌。在上证指数创下年内低点3 312点时，我的账户也创下了浮亏15.54%的最低点。四季度的反弹使账户从浮亏回到浮盈，截至12月31日账户收益率定格在18.87%，再加上网下打新配售新股的利润，2021全年取得19.93%的总收益。这个收益我是基本满意的。它超越了A股全部主要指数。2021年之所以说不容易是因为代表全A股最优秀300只股票的沪深300指数下跌了5.2%，也就是说，在整体绩优股下跌5.2%的状况下取得正收益确实有点儿难。

我的投资体会：股市投资不能仅看当前的股票价值是被低估还是高估。因为一个公司股价的高低，仅仅决定的是股票买卖瞬间的短期安全边际有或没有。我认为一个公司买入持有的长期安全边际是由这个公司持续不断创造价值的盈利模式决定的。所以，研究公司的盈利模式，一定比研究公司股价表现的高估低估更重要。因此，在2021年初，我就确定了重仓并坚持持有盈利模式最优秀的贵州茅台和片仔癀组合，无论它们表面股价是否被高估。我是从心底里认为股价2 000元以下的贵州茅台估值合理。与茅台相比，2020年民生银行收盘价为

4.96元，5倍市盈率算不算被低估？股价和市盈率都看着挺便宜的。说真的我不能确定它是不是被低估了。那些认为民生银行被低估的基金经理和股民，说到底是盼着民生银行业绩反转，想赚取估值修复、股价爆发性上涨的钱。我认为买入业绩平庸，管理一般的普通公司，想赚估值修复的钱是存在很大不确定性的。既然有不确定性，那么买低估就是在"赌"落后公司的业绩反转。能不能赢，本身就存在不确定性。即使能赢，何时业绩反转也存在时间上的不确定性。我认为把投资放在不确定中"赌"是错误的。如果不承认是在"赌"，真的是买银行业的低估。那我问你：为什么不买银行业龙头股招商银行呢？原因还是在于想博取估值修复的爆发性收益！结果民生银行2021年又下跌21.44%，创下了连续6年收盘价新低。也就是说，如果你2015年以收盘价7.38元买入民生银行，到今天持有整整6年，不但不赚钱，还亏损47%，买低估真是考验投资者的认知啊！还有一个案例是宁德时代。2020年宁德时代收盘价为350元，市盈率为160倍，看着都挺贵的。到底高估不高估我也不确定。我管理过三年锂电池生产研发企业，科技企业的技术更迭是很快的，一步落后就会步步落后。于是我选择不追热点，不在热点行业博取差价。结果宁德时代在2021年又涨了67%，收盘价为588元。被高估还可以被更高估。我认为要博取股价增长的爆发性也要在业绩增长确定性的基础上博取，比如在贵州茅台每年业绩增长的确定性中博取飞天茅台产品提价的爆发性增长，这才是股票投资的正确方法。一句话总结：股票投资坚持能力圈和追求确定性，这两点非常重要。

（2）2021我对股市的应对就是在满仓情况下调仓换股

熊市底部建仓后，在从熊市到牛市的整个投资过程中，调仓换股是我应对股市变化的有效办法。我在2019年、2020年和2021年连续三年牛市中都进行大开大合的调仓换股操作。2019年是在金融ETF指数基金大幅上涨后卖出锁定了利润，调仓换股买入白酒龙头股贵州茅台；2020年是在大盘走出2 440点的底之后的4月底到5月初用半个月时间卖出中国平安锁定了利润，调仓换股买入了50多倍市盈率的中药龙头股片仔癀；2021年7月，在片仔癀大股东宣布减持1%片仔癀股份的消息后，于股价400元上方清仓片仔癀锁定了利润，调仓换股加仓了股价1 800元的贵州茅台。

股票基本面变化是我调仓换股的重要依据之一。当中国平安出现高层人事变动和在其他投资中的踩雷等一系列事件后，2020年我把持有四年的中国平安清仓了，仅留了100股作为纪念。很多老股民喜欢认死理，坚持持有中国平安不动摇，于是他们连续三年都在中国平安股票上没有盈利。2018年中国平安收盘价为51.49元，2021年中国平安收盘价为50.41元。大仓位持有中国平安是许多老股民2021年浮亏超过20%的重要原因。

2021年我获利最大的股票就是调仓换股已经清仓的片仔癀。从2020年4月140元开始买入到2021年7月400多元清仓，持仓时间15个月获利超过185%。2021年7月面对491元/股、150倍市盈率的片仔癀，我的选择是继续持有，因为牛市不言顶。但是，2021年7月22日，片仔癀股东九龙江集团有限公司宣布计划从持股的57.9%中减持约1%的股份。这可是九龙集团有限公司自2003年上市以来首次减持。九江集团有限公司不缺钱，片仔癀账上也是有大量现金的，既然大股东都认为片仔癀贵了要减持，那我也就不再坚持了。向大股东学习，我减持了全部片仔癀，按照老传统留了100股作为纪念。

2021年调仓换股后，我满仓持有贵州茅台一只股票迎接未来的牛市下半场。贵州茅台和片仔癀都是A股最优秀的公司，但是片仔癀成交量较小，在未来的牛市高潮后只要有一两个主力想跑，片仔癀就会趴在跌停板上，个人投资者想跑也跑不了。贵州茅台就不同了，成交量大，不容易跌停。持有贵州茅台很容易在熊市初期清仓获利了结，最大限度地保留住牛市的胜利成果。这也是我2021年调仓换股的原因。

（3）2021年操作检讨

如果说2021年有什么失误，那就是中国中免"阻击战"了。2020年的"阻击战"非常成功，全年用融资杠杆在十几只股票上提取短线利润都获得了成功。其中，长春高新"阻击战"最为惊心动魄，我还在雪球上专门写了一篇纪念文章。本来说好的2021年保守一点，在长江电力上打"阻击战"。长江电力这只股票波动太小、太慢，我在该股上仅仅盈利了10万元。放松了炒股警惕性的我在波动大的中国中免大刀阔斧展开了短线投资操作，在建仓中没有遵循宝塔形原则，主观臆断加仓过猛过快。碰到中国中免出现跌停板就心态不稳了，还好经过激烈的思想斗争在265元果断认输清仓。在中国中免上的操作亏损很大，严重影响了我2021年的股票投资收益。

第 6 章

建立属于自己的股票交易系统

投资者进入股市买卖股票，碰运气实现一笔两笔盈利是很容易的。但是要实现账户长期盈利就不容易了，而实现账户长期稳定的复利增长就更难。

如何才能在股市实现长期稳定的复利增长呢？建立一套适合自己，完全和自己的股市认知与心理特性相匹配的股票投资交易系统，是你投资取得成功绕不开的课题，也是一道投资最难跨越的门槛。

把投资者的股票交易系统比作股民进入充满风险的股市用来防御各种雷雨风暴的保护伞是很恰当的。股市里的每个投资者建立的股票交易系统都是独特的，它是投资者投资经验和股市认知的总结，它是只能与投资者个人配套的专属交易系统，其他投资者可以参考，可以借鉴，但是不能照抄，必须经过自己消化吸收融入自己的经验和认知，才能把它变成属于自己的交易系统。

股票投资和艺术创作是有点儿相似的，它也讲究"德艺"双修，所谓"德"就是指投资者的心态，所谓"艺"是指投资者的股票交易系统。"德艺"相配才能有好的投资效果。

股票投资者的心态磨炼是一项艰巨而持久的过程。一个股民进入股市从青涩到成熟一般需要15~20年时间，如果你25岁进入股市的话，40岁以前都算是不成熟的投资者。查理·芒格说："40岁前没有价值投资人，自己从不跟40岁以下的投资人士探讨投资。"我是33岁进入股市的，学习投资比较晚，磨炼了20年，53岁才通过了股市大学本科毕业考试。

股票投资的核心就是"买入好企业，长线来持有"，其中，要做到"长线来持有"对投资者心态的要求是很高的。在我看来，股民只要坚持走价值投资的阳关大道，不靠内幕小道消息炒股，那么，股市对于投资者来说就基本上是公开、公平、公正的。在这样的投资市场，谁刻苦磨炼心态提高股市认知，谁的投资效果就会比较好。只有那些放弃了一夜暴富心态，长期持有优秀企业的股票、慢慢赚企业发展钱的投资者，只有那些拥有熊市不惧调整、敢于不断买入心态的投资者，只有那些在牛市泡沫中不贪婪并舍得卖出股票的投资者，只有那些面对账户短期大幅波动，拥有淡然自若心态的投资者，才能最终到达投资者财务自由的彼岸。

6.1 投资者股票能力圈的建立和边界线的确定

每个投资者进入股市投资，经过买指数基金阶段后，均要面临如何选择股票来投资的问题。在选择股票前，投资者首先要搞清楚自己的能力圈有多大，边界线在哪里？然后坚持在能力圈里选择优秀企业投资，坚决不出边界线。这样做，股市的非系统性风险就离你很远，你的投资就会比较安全。

投资者由于学习成长、工作经历等的不同，对客观事物的认知能力也会不同。A股有5 000多只股票，它们分布在各个行业，企业与企业之间的经营业态互不相同。所以，股票投资者对每个行业股票的认知能力是不一样的。医科大学毕业的、在制药厂工作的投资者可能就对医药企业理解深入一些，对医药行业的认知能力更强一些。金融专业毕业的投资者、在银行工作的投资者可能就对银行股和地产股了解多一些，对银行股的优劣评价更准确一些。每个投资者都有自己擅长的领域，都有自己熟悉的行业，这就是能力圈。

我大学毕业后在科研单位工作了12年，我对科技股业绩增长的不确定性和对科研新产品更新换代的风险性理解较深。离开科研单位后，我经营管理企业30多年，涉及制造企业、房地产企业、贸易企业、星级酒店，所以，我对什么样的企业经营获利比较容易，什么样的企业经营获利比较难有较为深刻的理解，这些就是我的能力圈。

股票投资是一种特殊的投资，股票投资市场充满了不确定性。在股市里，"黑天鹅"事件是时常发生的。这里我引进一个"极端斯坦"概念。它是美国学者纳西姆·尼古拉斯·塔勒布在他写的《黑天鹅，如何应对不可预知的未来》一书中提到的。什么是极端斯坦呢？塔勒布教授提出了平均斯坦和极端斯坦两个概念，分别对应世界中不同事物的两种统计学属性。平均斯坦指的是不会因个例而导致统计数据巨变的统计对象，比如说正常人群的体重，就属于平均斯坦。而极端斯坦指的是会因为个例而导致统计数据巨变的统计对象，比如投资者账户里的资金量，在一定数据样本范围内就属于极端斯坦。举例来说，在A股抽取100个股民账户，其中，只要抽中1个股民是在股市实现财务自由的（账户里有上亿的资金量），这100个账户平均资金量就超百万元了。而真实情况是，A股市场2亿股民，账户资产低于10万元的占比高达75%，账户资产大于100万元的占比低于3%。

股票投资市场就是一个满足极端斯坦分布的世界，公司经营业绩突然大幅下滑甚至亏损"爆雷"的企业年年都有。如何在充满不确定性的股市生存，如何应对股市中公司发展的不可预知性，搞清楚自己的能力圈和边界线非常重要。只有在自己擅长的领域选择股票，才能时刻了解行业的发展，企业的经营现状。对于股票投资来说，能力圈大小不重要，搞清楚自己的能力圈边界线很重要。只有坚持在自己熟悉的领域里投资，坚决不出边界线，才能最大程度避开上市公司业绩突然的不确定性。

投资者自己的能力圈在哪里？边界又如何确定？在股市投资过程中，股民一定要搞清楚自己的能力圈边界。因为没有边界的能力圈是不可靠的，这样的能力圈不能预防非系统性风险。不清楚边界线就说明投资者对自己的能力圈理解不是很透彻，在投资中运用没有边界的能力圈是很容易掉到投资陷阱里的。投资者来到股市首先要建立能力圈，刚刚入市的股民都是稀里糊涂听消息，很随意就买入股票，账户亏损就是这样产生的。一步一步建立起自己的能力圈，并搞清楚自己知道什么和不知道什么，这样边界就很清楚了，我是入市亏损三年才开始一点点明白这个道理的。投资者的能力圈在建立过程中一般分为三个阶段：建立。发展、再提高。下面就我的能力圈实际建立过程来详细说明一下。

1. 能力圈的建立

我是1993年5月4日开立股票账户的，这天是青年节，所以很容易就记住了。从入市开始，我连续亏损三年。买过重组股深原野，买过消息股苏三山等一系列股票。现在回头看，三年里买的都是热点股、垃圾股。三年的账户亏损让我开始思考一些问题，为什么我总是买到业绩爆雷、股价持续下跌的股票？有没有办法避开这些"雷"区股票？通过看书学习，再结合股市实践，我确认答案是肯定有的。这个方法就是要建立属于自己的能力圈，然后在能力圈里买股票。

连续亏损多年，以后应该买什么股票才能盈利呢？我开始认真思考这个问题。那个时候我已经工作15年了，在科研单位的工作经历让我明白国家重点项目、重点工程都是有政策扶持、有资金支持、有市场需求计划的。国家重点企业管理层不会做假账，因为管理层没有做假账的动因和需求。当时的国家银行存贷差是国家规定的，银行年年都是盈利的，买银行股可靠安全，于是国家重点工程宝钢股份、招商银行等企业的股票进入了我的投资股票池。这个时间段，我的能力圈确定在国营中大盘股上，尤其是银行股。

2. 能力圈的拓展

一个人的能力圈是和他对客观事物的认知相匹配的，随着认知的不断提高，能力圈也在不断扩大。工作12年以后，我停薪留职下海闯荡，到经济特区工作了。国家那时建立了四个经济特区，我工作的第一个特区是深圳经济特区，工作单位是华为技术有限公司。我在华为的工号是一百多号，也就是说，那时的华为在初建阶段，只有一百多个员工。如果我坚持下来肯定是元老级的员工了。离开华为后，我去的第二个特区是珠海经济特区。在珠海特区我不再做科研工作，转行从事电子产品销售，计算机、打印机、传真机，以及程控集团电话机是我的主要销售产品。在电子产品销售过程中，知名品牌卖得好、销量大、推广难度低、产品积压少、周转快。比如传真机，那时的龙头产品是松下、夏普、佳能，韩国三星和大宇等属于二流产品。我在销售三星传真机和大宇传真机时，推广难度成倍增加，有时候为了拿年终返利还得多进货压库存，这样的压货常常造成第二年一季度我们公司库存压力极大。龙头产品松下传真机虽然售价高，但是知名度也高，容易销售。另外，厂家利润好，开展的促销活动就多，力度也大，年底返利也容易拿到。参加厂家的年度优秀经销商奖励大会得到的信息，总是龙头厂家的产品市场占有率是最大的。我见证了许多电子产品的兴衰，20多年代理产品销售的经历让我认识到，看好一个行业的发展，要在早期进入，并选龙头企业投资效果才更好。想通了这些问题，我的能力圈就根据各个行业的发展不断拓展。例如，看好房地产行业的发展，我就买地产行业龙头企业的股票，看好银行业的发展，我就买银行业龙头企业的股票，看好证券行业的发展，我就买证券行业龙头企业的股票，看好保险行业的发展，我就买保险业行业龙头企业的股票。这样，万科、招商银行、中信证券、中国平安等股票，我都持有过。龙头企业是行业竞争中涌现出来的优秀公司，它处在行业中的优势地位，它的产品有竞争力。这是我经历了股市两个牛熊以后才发自内心感受到的。当一个行业过了繁荣期，就不要买这个行业的股票了，这也是我从日常电子产品销售工作中体会到的。

3. 能力圈的再提高

我工作的第三个特区是厦门经济特区。来到厦门，我将更多精力放在了企业管理上。因为我所在的集团是跨行业经营，所以我就有了跨行业管理企业的机会。除了代理电子产品的全国销售外，我管理过地产开发项目，是那种从土地竞标开始到住宅小区建设，再到商品房销售的全过程的项目。我还管理过五星级旅游度假酒店，每天早上的酒店管理层晨会就是我处理和解决酒店问题的时间，在酒店管理中，对于如何拓展和留住酒店高端客户，我有自己的管理绝招。在跨行业管理中，集团的锂电池生产制造企业对我的挑战最大，以至于对我的股票投资产生了深远影响。科技企业产品的快速更新换代严重影响企业的可持续发展。例如，我所在集团的锂电池企业所研发生产的产品在 2001 年时还处于国内领先地位，到了 2010 年，由于研发没跟上，产品就处于国内落后水平了。所以，我认为科技企业业绩持续增长的确定性不强，把握不了，因此我不投资科技企业。

在办公设备自动化产品全国销售中，我常常接到这样的代理项目，比如某世界 500 强企业的办公设备自动化龙头产品在中国大陆市场让我们公司代理销售，但是这个代理不是唯一的独家总代理。一个龙头产品在全国可能会同时出现三家代理销售商。因为是世界著名企业的龙头产品，知名度高，市场需求量大，所以我就签了代理协议。厂家承诺给代理商 10% 的销售毛利。刚刚开始销售的时候，三家代理商第一批产品进货量都不大，都按照进货价加 10% 的毛利批发销售。随着厂家产量上升，每个代理商的进货量也在不断加大。等到代理商感觉有库存压力时，批发价就开始绷不住了。你降 2%，我降 3%，他降 4%，彼此开始争夺省级经销商了。价格战一直打到年底，10% 的毛利肯定维持不住了。我干了一年，最后一算账，只有 3% 的毛利，还好厂家看大家打价格战都挺辛苦的，每家代理商补了 2% 的返利，这样才勉强有 5% 的毛利。那么，问题来了，在我和集团年初签订的经营目标考核责任书中，利润考核目标是最重要的项目，这一年由于打价格战，销售毛利大幅下降，导致全年净利润指标没有达到集团考核目标，这意味着我们公司管理层当年没有年终奖可拿。这损失可太大了！吃一堑，长一智，在后面的产品代理权选择上，我就变得很谨慎了。我们公司在全国有

2 000多家合作伙伴，产品销售渠道力很强，许多世界500强都会借助我们公司来推广他们的产品。发生了辛辛苦苦努力工作一年却没有拿到年终奖事件后，我改变了以往有菜就吃，盲目追求销售额增长的习惯。对于厂家上门来谈他们产品在全国的销售代理时，我开始"挑肥拣瘦"了，不再像过去一样，感觉产品价格竞争力差不多就接下来代理。我的态度，哪怕你是世界500强企业，你不让我独家代理，我就不销售你的产品。我先后拒绝了韩国三星公司、美国施乐公司、日本富士公司等知名企业的代理项目。这样也形成了良好的谈判规矩，后面的厂家也知道了，和我们公司谈判代理项目是需要给予大陆独家销售权的，只有拿到独家代理销售权才能保证产品销售的毛利率和净利率维持在预定的水平上。

我做办公设备自动化产品销售工作30年了，和我股票市场投资的股龄几乎是一样长的。30年来的企业经营管理经验告诉我，垄断销售非常重要。产品垄断是公司良好经营的保障，垄断是公司利润增长的源泉。独家产品代理权就是一种垄断形式，在全国市场销售的代理产品都是我一家批发出去的，这样10%的毛利就有了保证，年底完成净利润目标也变得可预测了，集团的考核目标也能年年完成了。这一切都是回避竞争、拥抱垄断带来的。于是，A股上市公司中拥有产品垄断利润的企业慢慢进入了我的视野。垄断企业普遍都具有"三高"特点，即公司产品毛利高、公司股价高、公司估值高。下面我将举例说明。

大家都知道垄断企业好，但是，垄断企业通常看起来都不便宜。无论是熊市还是牛市，它们往往都是以高股价和高估值姿态呈现在投资者面前。这就把只会简单地根据市盈率来估值的绝大多数投资者挡在了优质垄断企业股票门外。敢不敢买入，这就是能力圈问题。只有对企业垄断利润增长的稳定性有深刻理解，才能打破投资者的心理魔咒，才敢于在熊市末期和牛市初期买入高股价垄断企业。

贵州茅台是我重仓持有的优秀公司，但是投资者敢于下手买入却并不容易，高股价足以吓退大部分股民。我对白酒的认知是从我到特区工作经常参加商务活动开始的，经过了多年商业谈判迎来送往和年年都要举行的全国优秀经销商奖励大会，我发现自己已经成为一个资深白酒爱好者了。我几乎喝遍了全国各地出产的所有白酒香型，白酒主要有三大香型：它们有以汾酒和二锅头为代表的清香型，有以五粮液和泸州老窖为代表的浓香型，还有以贵州茅台为代表的酱香型，其他香型还有如以陕西西凤酒为代表的凤香型，以酒鬼酒为代表的馥郁香型，等等。我的体会是，清香型和浓香型白酒酿造时间短，仅仅几十天就出酒，所以酒体表现单薄，酒香清淡。酱香型就不同了，飞天茅台酒要经过1年酿造、3年以上存储，然后再用老酒勾兑，产品出厂时就已经是5年陈酒了。5斤高粱才出1斤酒使得酱香型白酒具有酒体饱满醇厚、酱香突出、回味悠长、空杯留香的特点。白酒爱好者只要喝酒时间足够长，最后都会停留在酱香茅台酒上。另外，还有一点很重要，由于茅台酒酿造时间长，喝酒后第二天感觉特别好，这是酿造时间短的白酒无法比拟的。酱香型茅台酒酿造的特点是只能在贵州省赤水河边的茅台镇酿造，茅台镇的微生物环境对其酿造起着决定性作用。离开茅台镇就无法酿造出酱香型茅台酒了，这个特点使茅台酒具有了天然垄断优势，茅台酒产地的独特性使贵州茅台公司拥有了一条很深的企业护城河。

明白了茅台酒的优秀品质，明白了贵州茅台的垄断地位，也就明白了茅台股票高估值的原因。看着贵州茅台的高股价怎样买入呢？如图6-1所示，贵州茅台市盈率20年的平均值是31.37倍，历史最高值是牛市2007年10月15日创下的101.79倍，历史最低值是2014年1月15日创下的8.83倍。观历史知未来，每次熊市贵州茅台估值跌到20倍左右市盈率时，就是买入机会，应该逢低买入，越跌越买，最后的投资效果都是非常好的。千万不要和没有垄断地位的一般公司比市盈率，比如银行股，熊市银行股平均市盈率为4倍，比贵州茅台低多了。当投资者明白了垄断企业和竞争企业估值永远不可能在一起比较时，就敢于买入贵州茅台了。

图6-1 贵州茅台上市20年市盈率全景图

6.2 集中投资优秀企业才能超越指数

全世界股市都有一个共同特点，那就是在上市的企业中，能够实现长期发展的、生命力特别强的好企业很少，非常稀少。长线集中持有少数特别优秀的企业，是在股市投资中长期跑赢指数基金的好方法。这是我的投资能力圈再提高后，对股票市场的新认知。这个认知也改变了我过去不是买指数基金就是像撒胡椒面一样买很多股票分散风险的习惯。长期来看，买入持有最优秀的少数产品具有垄断性的公司才是证券市场安全的投资方法。

对于普通投资者而言，买 ETF 指数基金也许是最好的选择。事实上，80%的专业投资者和基金经理长期投资业绩都是跑输指数基金的。从这点来看，大多数投资者买指数基金确实是一个不错的选择。而对于股市认知较高的少数投资者来说，他们集中投资少数优秀企业，业绩不仅可以超越专业的基金经理，还可以超越指数基金。为什么这么说呢？因为我们投资是用自己的闲钱，可以长期投资，没有基金经理年年都要比业绩、搞排名的压力，我认为这样的短期评比会影响长期价值投资操作。此外，资金小可以重仓少数极优秀的企业。基金的资金规模大，他们有分散投资要求，往往要买很多股票，无法做到集中投资。

个人投资者集中投资多少只股票为好呢？根据资金量的大小，我认为投资3~5 只股票比较好。在能力圈里选自己认为最有发展前途的行业，在这些行业里投资已经取得行业市场优势的龙头企业、行业垄断企业，也就是投资那些具有业绩增长高确定性的明星企业。比如随着国家不断发展进步，人民生活水平持续提高，我看好白酒行业高端酒的发展，就会买入高端白酒行业龙头企业贵州茅台重仓持有，而不会选择股价便宜生产二锅头的顺鑫农业。随着人口的老龄化，人们对养生保健越来越重视，我看好中医中药的发展，就会买入中药行业龙头企业片仔癀重仓持有，而不会选择同样是中华老字号股价便宜的东阿阿胶。

在能力圈里买股票一定要做到逻辑自洽，比如企业的产品是不是真的具有垄断性优势。实际上，上市公司产品的垄断性十分复杂，有的企业产品垄断性强，有的企业产品垄断性弱，比如贵州茅台产品的垄断性就非常强，下面我用具体案例来说明企业产品垄断性强弱情况。

1. 案例1：护城河不牢固的企业不是垄断经营企业

山东东阿阿胶股份有限公司1996年在A股上市，主要产品为东阿阿胶，历史上为皇家贡品，传承悠久，是当今大健康产业的龙头产品之一，中华老字号企业。

但是，东阿阿胶产品护城河不深，垄断性不强，这导致企业产品提价权不完全掌握在企业手里。上市公司同仁堂就生产同仁堂牌的阿胶在市场上销售，山东福胶集团有限公司生产"福牌"阿胶，并获得过国家质量金质奖章，是山东省著名商标。山东福胶集团有限公司也是中华老字号企业。在有同品竞争对手存在的情况下，东阿阿胶从2006年到2019年连续提高产品价格17次。以阿胶块为例，零售价从每公斤160元一路飙升至每公斤6 000元，这给了质优价低的竞品福牌阿胶很大的发展机会，最终2019年东阿阿胶压货销售崩盘，当年销售下跌60%，企业由盈转亏。股价也从最高价70多元用三年时间跌到了20多元。这就是投资产品垄断较弱企业的风险。作为比较，片仔癀产品的垄断性很强，企业护城河比较完美。

2. 案例2：行政管理条例也可以形成垄断经营

一个企业垄断利润的产生依赖于护城河的建立，护城河的建立会使企业由竞争走向垄断。北方稀土就是这样一家上市公司。

多年以前，我国稀土资源被违法违规开采和低价贱卖，尤其是未获得政府开采批准的私营企业，他们私自开采稀土不缴税、不缴环保费，加工设备折旧费用低，生产成本远远低于国营正规稀土企业，严重扰乱稀土市场秩序。由于违法开采和贱卖，正规国营稀土企业的生产大都处于亏损中。2021年1月，国家发布《稀土管理条例》，对稀土的开采和冶炼采取配额制。稀土的开采和冶炼有了总量指标管理，稀土产业走上了有序发展之路。

北方稀土是稀土行业龙头企业，背靠大股东包钢集团（世界稀土储量全球第一）。2021年，北方稀土配额占比进一步提高，企业获得了2021年绝大部分配额增量，指标占比提升至接近60%，稀土配额为北方稀土形成了新的护城河。

2021年后的北方稀土是一个拥有世界最大稀土资源的企业，向包钢集团采购稀土原料低于市场价格，再加上稀土配额护城河，就形成了今天的近乎垄断经营的局面。2021年的年报归母净利润增长462.32%，这就是垄断经营的效果。

北方稀土的护城河是政府管理条例给的，这样的垄断企业需要时刻关注政策的变化和包钢集团的稀土原料供货价格变化。总体衡量，北方稀土这样的垄断企业护城河是有缺陷的，政策一有变化就可能失去垄断地位，因此，投资这样的企业不仅需要特别关注相关政策变化，还需要时刻关注产品上游包钢集团的稀土原料供货价变化。

3. 案例3：独特地方资源也是天然护城河

盐湖股份是依靠青海盐湖资源形成的垄断经营企业。2021年8月重新上市，盐湖股份剥离了亏损的化工项目和镁资产。企业盐湖钾肥资源丰富，氯化钾产能超500吨，占全国总产能的70%，全国产量第一，世界产量第四，处于绝对龙头地位。同时，企业的盐湖提取碳酸锂项目也在持续扩产，是中国盐湖提锂龙头，技术领先，成本约在每吨碳酸锂3万元，相对于2022年初每吨38万元的售价，成本优势非常明显。盐湖股份拥有中国最大的钾盐锂盐矿床，形成了天然的较深的护城河，在碳酸钾和碳酸锂供不应求的市场大环境下，形成钾锂资源的低成本垄断经营。但是，钾肥是国家重要的农用物资，企业在提价权方面会受到国家一定的制约，不可能想提价多少就提价多少。所以，盐湖股份的垄断是受到一定限制的垄断。这样的企业护城河不够完美，产品提价权不完全由企业掌控，产品垄断性是受到限制的。作为比较，长江电力企业护城河完美，拥有长江水力资源，垄断性强。

总之，上市公司中大部分都是一般企业，产品具有垄断性的企业是比较少的。在产品具有垄断性的企业中，护城河大多都不是十分完美。那种护城河又宽又深的企业是股市中的明星企业，占比更少，千里挑一。作为个人投资者，长期投资这些千里挑一的明星企业，业绩是可以超越指数基金的。

6.3 股市投资法宝——我的股票交易系统

我的股票交易系统是对股市30余年实践经验的总结，是价值投资与趋势博弈两个维度的融合，是我在股市长期盈利战胜市场最有效的投资工具。

知道了自己的能力圈和边界线，要买什么股票就心中有数了，然后就是何时建仓和怎样建仓，何时获利了结和怎样获利了结的问题了。

下面我用案例来说明一下我用于 A 股投资实战的股票交易系统——垄断经营超越指数交易系统。

案例中，以 1 000 万元资金模拟这次熊市建仓交易全过程。

1. 标的物

应在能力圈里的垄断经营企业中挑选标的物。我们要选择最具有长期业绩增长确定性的垄断经营公司，采取集中投资策略，这样才能使业绩超越指数基金。我选择的标的物是 A 股的龙头股票：贵州茅台。计划配置仓位：贵州茅台 100% 仓位。

备注：建仓股票数量以 3 只为好，这样更为稳妥均衡。本案例为了简单说明建仓过程，就选择了 1 只没有送股的贵州茅台股票来演示说明。

2. 买入信号

从 2015 年融资杠杆牛市结束开始。上证指数在 2015 年 6 月 12 日创下这次牛市最高点 5 178 点后开始掉头向下进入熊市。虽然是事后才确认最高点，但是这一点都不影响我在熊市建仓过程。在熊市，上证指数从最高点下跌的幅度是我的交易系统最重要的建仓指标之一。2015 的牛市和 2007 年的牛市有两个显著不同。第一个不同是 2007 年没有融资杠杆；2015 年有融资杠杆；第二个不同是 2007 年是全面牛市，大盘股和小盘股一起处在疯涨泡沫中，2015 年是中小创的牛市，大盘股没有疯涨甚至连一点泡沫都没有。比如：白酒股龙头贵州茅台 2007 年 10 月牛市高点，其市盈率为 101 倍，处于严重泡沫阶段，2015 年 6 月的牛市高点，其市盈率是 20 倍，估值非常合理；银行股龙头招商银行 2007 年 8 月市盈率高达 64 倍，处于严重泡沫阶段，2015 年 6 月仅 9 倍市盈率，估值合理；地产股龙头万科 2007 年 10 月市盈率为 100 倍，出现严重泡沫，2015 年 6 月市盈率为 12 倍，估值合理；再看看当时的创业板龙头乐视网，2015 年 5 月市盈率为 408 倍，牛市中的中小创股票太疯狂了，疯狂过后，乐视网退市了，这让多少股民的财富化为了泡影。

由于这次牛市蓝筹股没有泡沫，我把买入信号设定为下跌幅度达到 40% 就开始建仓。

备注：如果牛市蓝筹股有泡沫，比如2007年，可以把买入信号设定为大盘指数下跌幅度达到50%后，开始建仓。

3. 建仓策略

还是用分批买入建仓法，这次将1 000万元资金分成10份，每次买入一份，分十次买入来建仓。我采用时间定投和价格定投混合策略。时间为首次建仓开始，每月定投一次，计划分10个月时间完成建仓。同时，按照价格优先，这次设定的买入建仓系数定为3%，即首次建仓后股票价格每下跌3%就立即买入一份。此外，还要关注建仓收尾信号，按照上证指数月K线KDJ金叉信号来结束建仓操作。即如果上证指数KDJ月K线发出金叉信号，即使不到十个月，还没有满仓，也一次把剩余资金全部买入，完成熊市建仓。

这次模拟建仓为了简明扼要说明问题，我们忽略不影响测试结果的交易手续费和印花税等费用，同时，这次股票采用前复权股价数据建仓，就不考虑分红再买入的问题了。这样虽然有点小误差，但不影响作为案例说明交易系统的使用方法。

在上证指数从最高点下跌40%时，即开始首次建仓买入贵州茅台。5 178点下跌40%是3 106点，也就是当大盘跌到3 100点以下时就可以买入第一批股票了。2015年8月25日大盘跌破3 100点，上证指数收盘2 965点，这个点位来看看要买入的标的物贵州茅台的估值。当天贵州茅台收盘价为162.02元（前复权），估值13.85倍（滚动市盈率），贵州茅台股票处于严重低估状态。这样的估值建仓贵州茅台是非常安全的。

2015年8月25日达到建仓标准，依据垄断经营超越指数交易系统开始买入建仓。以收盘价作为买入价，建仓茅台股票。交易系统的特点就是客观反映股市状况，投资者只需按照交易计划执行操作，不要人为判断短线股价的高低。

下面是本次建仓具体操作说明：

第一次，8月25日大盘满足了交易系统跌幅条件，按照收盘价162元建仓买入6 200股，市值为100.44万元。

第二次，按照162元下跌3%的标准买入。但是一个月过去了，贵州茅台没有跌到157元，于是时间优先，9月25日按照收盘价177元买入5 600股，市值为99.12万元。

第三次，按照177元下跌3%的标准买入，股市没有给机会。10月25日是星期天，于是时间优先，10月23日按照收盘价193元买入5 200股，市值为100.36万元。

第四次，按照193元下跌3%的标准买入，没有出现买入机会。于是时间优先，11月25日按照收盘价195元买入5 100股，市值99.45万元。

第五次，按照195元下跌3%的标准买入，没有出现买入机会。于是时间优先，12月25日按照收盘价206元买入4 900股，市值100.94万元。

第六次，按照206元下跌3%的标准买入，这次茅台出现下跌买入机会。于是价格优先，在12月30日按照计划价200元买入5 000股，市值100万元。

第七次，按照200元下跌3%的标准买入，这次茅台出现下跌买入机会。于是价格优先，2016年1月4日按照计划价194元买入5 200股，市值100.88万元。

第八次，按照194元下跌3%的标准买入，这次茅台出现下跌买入机会。于是价格优先，2016年1月7日按照计划价188元买入5 300股，市值99.64万元。

第九次，按照188元下跌3%的标准买入，这次茅台出现下跌买入机会。于是价格优先，2016年1月12日按照计划价182元买入5 500股，市值100.1万元。

第十次，按照182元下跌3%的标准买入，一直没有出现买入机会。按照时间优先，本应该在2016年5月25日按照收盘价买入茅台股票。但是要关注建仓的另一个关键指标月线KDJ金叉信号，在2016年3月贵州茅台月K线发出金叉信号，这是结束本次建仓的信号。也就是说收到这个信号，投资者本次建仓的剩余资金要一次性全部买入结束建仓。2016年3月31日，贵州茅台月线金叉信号确认，按照收盘价227元买入最后4 300股，市值99.88万元，结束本次建仓。

本次建仓平均价为190.93元，合计买入52 300股，资金剩余1.46万元。

备注：在模拟建仓时，将资金分为10份，主要是为了说明建仓方法。实际建仓操作可以设定更多些，比如将资金分为20份，每两周买入一份。也可以分为40份，每周买入一份等。这需要投资者根据自己的具体情况来制定适合自己的建仓方法。

本次模拟垄断经营超越指数交易系统建仓完成。在真实建仓时，建议买3~5只垄断股票，比如40%仓位配给贵州茅台，40%仓位配给片仔癀，20%仓位配给长江电力等。以上这些股票都是产品垄断性强，护城河完美的企业。

4. 建仓纪律

在单边下跌的熊市充满了利空消息，股市中大多数人跟着自己的感觉走，看到利空文章、听到利空消息就卖出，越是底部区域，利空信息越多，因此，股票才会持续不断地下跌。这个时候，买入建仓会出现刚刚买入就亏损的情况。随着建仓股票越来越多，仓位不断加大，浮亏也会扩大。投资者能不能战胜自己内心的恐惧，坚持按照交易系统操作是未来长线获取良好收益的关键。

股票交易系统买入信号是股市多年交易的经验总结，它就像股海指明投资航向的指南针。在熊市中，当交易系统发出买入建仓信号时，一定要遵守交易纪律，忽略股市利空信息的影响，坚决按照交易系统建仓信号执行建仓计划。

交易系统的作用就是使投资者保持客观、理性、正确的股市操作，避免被股市利空消息和下跌气氛影响。为了不受外部消息和内部自己情绪的影响，我的交易系统建仓操作都是"机械化"的，简单明确具有可操作性。比如下跌3%就按照价格优先买入，看到股价接近时可以提前挂单机械化交易。建仓全过程都是按照交易系统计划进行的，没有掺杂其他人为因素，不对熊市调整的最低点进行判断。只要确保整个建仓过程在底部区域就可以了。

成熟的交易系统需要在股市经历多个牛熊的考验，它所发出的买入建仓信号必须明确清晰，容易判断和执行，要具有百分之百的正确性和可操作性。我是按照上面这几项原则来建立交易系统的，在多年股市投资实践中取得了很好的投资收益。

5. 实盘建仓回顾

2015年6月，上证指数达到5178点后没有再创新高，大盘由牛市转入熊市开始进入长期调整阶段，上证指数快速调整，当下跌幅度超过40%时，就满足了熊市建仓的条件，我的股票交易系统发出买入信号，这次我建仓了某杠杆指数基金，它是由40只在中国香港上市的内地企业组成，都是蓝筹股。我又想重现上次牛市下跌不爆仓、上涨有杠杆的美好景象。本次建仓用时近半年，恒生国企指数杠杆基金建仓我从1.0元开始，一直买到0.6元，完成建仓后平均成本为0.79元，我想着未来牛市该杠杆指数基金涨到2.0元，就可以开始分批卖出，越涨越卖，那该是多么美好的丰收景象。于是满仓长线持有该杠杆指数基金，2018年初该基金涨到1.439元，账户浮盈超80%，我都坚持满仓持有不动摇。

2018年4月证监会资管新规发布，分级基金要全面退出资本市场。我分析可能是在2015年5 178点以后的熊市中，分级基金下折再下折，持续爆仓，使个人投资者亏损惨重。例如，曾经疯狂的证券B杠杆基金在2015牛市从上市的1.0元疯涨到8.811元（后复权），短短一年时间有近7倍的涨幅。随后进入熊市该基金经过多次爆仓，到2018年跌到了0.493元（后复权），这几乎是永远也无法回本的亏损。于是，国家让杠杆基金退出股市，投资一定要紧随国家政策，我在2018年11月，该杠杆基金价格为1.0元时全部清仓卖出，获利了结。

调仓换股，2018年卖出杠杆基金以后，加仓了中国平安和金融ETF指数基金。当时是熊市底部区域，我认为在熊市买入包含银行证券保险的金融指数基金，未来牛市时肯定能实现盈利。2019年一季度短短三个月，上证指数从2 440点涨到3 100点。金融ETF指数基金涨幅达到30%，我知道金融股尤其是证券股涨得快，大盘调整时跌得也快。为了保住底部建仓的胜利果实，我再次进行了调仓换股。

2019年3月底，我将金融ETF指数基金卖出获利了结，买入建仓了垄断经营的白酒龙头企业贵州茅台。2020年4~5月又开始调仓换股，把中国平安获利了结，买入垄断经营的中药龙头企业片仔癀。至此，我的账户重仓的两只股票贵州茅台和片仔癀，都是垄断绩优龙头股。实践证明，垄断经营企业的股权是最好的财富载体，买垄断经营企业的股票比买其他非垄断企业的股票投资效果好。

6. 未来牛市的卖出信号与操作

牛市大盘能涨多少点，没有人能够准确知道，也没有人能预测。每次牛市都是不同的，这次是绩优股的牛市，我们可以关注沪深300指数的市盈率变化。这次熊市最低点是2019年1月，沪深300指数市盈率的最低值10倍也是在1月创下的。可将沪深300指数市盈率突破16倍作为重要的卖出信号。

卖出也要分批进行，我们不可能全部卖在最高点，我们追求的是卖在顶部区域。卖出时，我是按照倒U字形态来操作的。由于这时账户已经获利丰厚，利润超过本金好多倍，所以，账户市值不能按10份来分批卖出，要多分一些数量以应对牛市的疯狂。还是拿建仓案例来进行说明：建仓时为本金1 000万元，买入了52 300股贵州茅台。卖出信号发出时，账户本金加利润已经远远超过本金，这时可以把账户分成26份，每份2 000股。假如未来牛市沪深300指数达到

16倍市盈率，那对应的茅台股价大约是3000元，我们就按计划卖出第一份2000股，后面就按照贵州茅台股价每涨3%就卖出一份操作，以此类推，卖完为止。

如果卖到一半，贵州茅台股价就开始下跌，这个时候要结合其他指标判断熊市是否到来。

（1）日成交量是否创出过新高？比如某天A股成交量创出了新高，达到三万亿。

（2）投资者月开户数是否在高位？比如某几个月投资者新开户数达到三百万到四百万户。

（3）大盘指数月K线是否出现死叉？比如沪深300指数月K线已经出现死叉，并且KDJ三条线向下发散。

如果上面三点都出现了，或者已经出现了两个，就要警惕了，可能熊市正在悄悄到来，投资者要随时做好清仓卖出迎接熊市的准备。

操作重点：当交易系统发出第一次卖出信号时，大概率是牛市开始疯狂的标志，在这之后，大盘指数从高点调整20%是账户剩余股票全部卖出的重要信号。比如2015年6月26日，上证指数从5178点调整到了4143点，调整了约20%，这时就要清仓卖出全部股票了。

牛市顶部区域是收获的区域，是投资者辛辛苦苦从熊市建仓持有多年的回报区域。这个时候不要贪婪，要在不断上涨中舍得卖出。卖出要按照交易计划，以价格优先来进行，要越涨越卖。当股票达到疯狂的最高点后停止上涨，大盘在随后的调整中形成KJD月线死叉时，就要毫不犹豫坚决清仓，完成牛市收获。

以上就是我的股票交易系统完整的建仓和清仓闭环全过程，投资者可以参考并结合自身实际来修改参数指标，建立适合自己的股票交易系统。

6.4 我的投资笔记

1. 从买低估值蓝筹股到买高估值蓝筹股是价值投资理念的晋级

对于已经跳出了新股民亏钱级别晋级到了赚钱股民行列的老股民而言，多年以来，他们在股市买入了低估值股票，然后等待价值回归，赚到了钱。这也让他们形成了固化思维，只买低估值的股票。估值便宜才安全的投资心态占据了这部分投资者的脑海，当然也包括以前的我。

如何晋级到敢买高估值好股票阶段是老股民面临的新课题。对于贵州茅台、片仔癀这样的明星绩优股，在当下看永远都是贵的，那么怎样看它们才不贵呢？我的经验是，对于这类股票，你一定要站在明天的角度看，这样就不觉得贵了。我们用贵州茅台来说明这个问题。

那是2019年3月底，我在2018年四季度加仓的金融ETF指数基金盈利不错，金融股尤其是证券股波动太大，为了保住胜利成果，必须调仓换股。是换银行业龙头股招商银行还是换白酒龙头股贵州茅台？我犹豫了几天时间，经过认真思考后，我作出了换仓贵州茅台的决定。

我一直认为贵州茅台比招商银行更优秀，就是估值有点儿高，股价有点儿贵，和大多数老股民一样难以下决心买入持有。当时许多专业基金经理都说贵州茅台被高估了，其股价至少预支了两年的业绩。还有私募基金经理在600元时就清仓了贵州茅台调仓到了银行股，他们可是专业人士，我从金融指数基金调仓到贵州茅台对吗？这不是和专业的基金经理反着操作吗？

股市投资要独立思考，要在正确的逻辑基础上投资。

下面来给贵州茅台算算账。

我是2019年3月26日调仓买入贵州茅台的，当时的买入价是780元。下面我们来看看780元的股价是怎样透支其两年业绩的。贵州茅台2018年每股利润28元，2019年每股利润我预测是33元，2020年每股利润我预测是38元，2022年每股利润我预测是60元。为什么是60元？我是算的大账，至于最后结果是50元还是60元主要看飞天茅台酒提不提出厂价。如果2022年飞天茅台酒没有提价，那么贵州茅台每股业绩就只有50元。现在让我们来分析一下贵州茅台估值高还是不高？2019年3月贵州茅台的股价为780元，对应看2018年28元的每股利润，静态市盈率为27.8倍。处在牛市初期，这个市盈率看着似乎是有点儿高，大家都不买。如果我们站在2019年底来看呢？780元除以33元，动态市盈率是23.6倍，还是有点儿高。如果我们站在2020年底来看呢？780元除以38元，动态市盈率是20.5倍，这次就不高了。我很愿意以780元的价格买入 A 股最优秀的公司，然后持有 1 年零 9 个月，等待贵州茅台估值下降到 20 倍市盈率。我在心理上认为贵州茅台估值有点儿高的问题解决了，于是就开始了买入行动。

2020 年 9 月 1 日，我持有贵州茅台一年半了，按 2020 年每股 38 元利润计算，20.5 倍市盈率的估值非常合理。我完全相信现在没有人再说 780 元的贵州茅台股价贵了。可是现在的茅台股价却再也回不到 780 元了，它已经是高高在上突破 1 800 元啦！我们再来分析一下 1 800 元的贵州茅台股价贵吗？按照我预测的 2022 年每股 60 元的利润计算估值，其市盈率是 30 倍，还是不高。如果飞天茅台不提价，按每股利润 50 元计算，贵州茅台市盈率是 36 倍，估值基本合理。

结论：像贵州茅台这样优秀的明星公司，股市会给予优质溢价，若按熊市 20 个月、牛市 30 个月来看，牛市开始了，你要付出 30 个月的溢价才能拥有最优秀的明星公司股权。在 2019 年牛市刚刚起步阶段，付出了一年半时间就拥有了估值便宜的明星企业贵州茅台，这算是比较幸运的了。

我的观点：在熊市，所有业绩增长具有确定性的好股票都是被低估的，这个时候不要太看重市盈率，这往往是表面现象，投资一定要透过表面现象看到好公司优秀盈利模式的本质。

下面我来说说业绩确定性。

贵州茅台公司的业绩具有确定性，由于飞天茅台产品供不应求，确切地说，贵州茅台的利润不是销售出来的，它是算出来的。比如飞天茅台酒，今年能销多少吨是知道的，需要增长多少，目标也是知道的。算一下，按照 969 元出厂价计算达不到利润目标，那就扩大超市直销，按 1 399 元出货，够了就停止销售。酒不够就砍掉一些代理经销商，腾出 969 元的飞天茅台来给超市供货。此外，还可以 1 399 元的价格直接供货给大客户。总之，贵州茅台产品供不应求，需要多少利润，算一下就好了。

再来谈谈价值投资中的两种状态：一种是痛苦的熬，一种是快乐的等。两种角色我都扮演过。牛市初期买入高估值的好股票是可以赚大钱的，天天快乐投资！如果你的投资理念没有晋级，那么，大部分老股民包括专业的基金经理，就只有在低估的银行股里痛苦地等待。他们把宝贵的黄金时间消耗在苦闷的等待中，等到牛市中后期垃圾股都要炒一遍的时候，银行股跟着垃圾股一起涨，能翻倍挣上百分之百利润的就不错了！然后刚刚快乐了几天，牛市就结束，大家一起进入熊市。我以前总是在低估蓝筹股里苦苦等待，等待估值修复，熬个好几年，到牛市高潮估值才慢慢腾腾修复。快乐的时间就那么一小会儿。再看看消费股、医药股，它们在牛市中一直在涨，此时你会忍不住想：都是价值投资，凭什么我就该受苦吃窝窝头啃咸菜？

中国平安我是2016年34元开始建仓的，持有多年，还不断融资加仓。中国平安作为一家优秀企业2019年底出现了问题，需要时间改正，但我不想等它改正了，先行卖出清仓。

2. 如何给股价2 000元的贵州茅台再估值

贵州茅台是好股票，在这点上A股全体股民大多没有分歧。但是，全体股民都认同的好股票为什么很少有股民能长期持有呢？原因可能在于：无论牛市还是熊市，从任何时间来看，贵州茅台的股价都很贵。

如果股民也包括专业的基金经理不重视贵州茅台能够长期地确定性地用利润增长来消化高估值这一点，那么，在他们眼里，贵州茅台的股价永远都是太贵了。请注意，这句话我用的两个限定词很关键，只有充分重视并理解这两个限定词，才能正确给贵州茅台估值。

言归正传，贵州茅台市盈率到底是多少才算合理？喜欢买低估值股票的股民认为贵州茅台很优秀，给它20~30倍市盈率，他们认为20~30倍市盈率的贵州茅台是估值很合理，因为他们总是和他们手里的银行地产股比市盈率，招商银行、平安银行同期是15倍市盈率，宁波银行是17倍市盈率。有专业基金经理在贵州茅台36倍市盈率时清仓贵州茅台买入银行股可能就是依据这个认知吧！

我的观点：对于贵州茅台的估值，要用发展的眼光来看。从2020年3月贵州茅台最低价950元及30倍市盈率来看，25~35倍市盈率是低估的，35~45倍市盈率才是合理估值。尤其是2013年以后，随着外资不断进入A股，国内基金经理对贵州茅台估值定价权已经被削弱了。贵州茅台这样在全世界都是独一无二的公司的估值将长期在35~45倍市盈率运行。

现在我们来讨论贵州茅台的巨幅调整，2 000元股价的贵州茅台估值高不高？

先来看看2021年贵州茅台利润增长情况：

（1）2021年飞天茅台酒产量会增长9%，大概率会按1 399元全部用于天猫、京东、苏宁、华润等终端直销供货，不会再按 969 元出厂价批发给经销商了。约 9% 的增长是由 2017 年基酒产量（基酒产量为 42 828 吨）决定的。2022 年，飞天茅台酒产量再增长约 16%，基酒产量为 49 671 吨。

（2）关于 2021 年四季度飞天茅台酒提价预期的确定性问题。飞天茅台酒提价具有不确定性，所以，我把它带来的利润增长称作不断有惊喜。下面就让我们来看看这个惊喜的确定性有多高。飞天茅台酒早期的调价对今天没有意义，我们从价格放开后的 2000 年开始看：

2000 年，贵州茅台酒出厂价 185 元；

2001 年 8 月，出厂价提高的约 18%，价格为 218 元；

2002 年，出厂价未涨；

2003 年 10 月，出厂价提高约 23%，价格为 268 元，

2004 年至 2005 年，出厂价未涨；

2006 年 2 月 10 日，出厂价提高约 15%，价格为 308 元；

2007 年 3 月 1 日，出厂价提高约 16%，价格为 358 元；

2008 年 1 月 12 日，出厂价提高约 22%，价格为 438 元；

2009 年 1 月 1 日，出厂价提高约 14%，价格为 499 元；

2011 年 1 月 1 日，出厂价提高约 24%，价格为 619 元；

2012 年 1 月 1 日，出厂价提高约 33%，价格为 819 元；

2013 年至 2017 年，出厂价未涨；

2018 年出厂价提约 18%，价格为 969 元；

2019 年至 2020 年，出厂价未涨；

2021 年至 2022 年，出厂价未涨；

2023 年出厂价提高约 20%，价格为 1 169 元；

2024 年出厂未涨。

（3）贵州茅台酒股份公司制定了"十四五"规划，目标是每年保持复利 15% 以上的增长，到 2025 年利润翻倍。以我在国营企业工作经验，规划是一定要超额完成的，这样领导才能不断进步。一般都是规划起步头两年要打好基础，我认为贵州茅台 2021—2022 这两年实现复合增长 18%~20% 是可预期的。

通过以上分析，预计贵州茅台 2021 年每股收益约为 43 元，2022 年每股收

益约为50元。飞天茅台酒出厂价提高在未来几年内也极具可能性。一旦茅台提价，那就是意外惊喜。股价2 000元的贵州茅台比照2021年43元的业绩计算出的46倍市盈率估值合理，股价2 000元的贵州茅台比照2022年50元的业绩计算出的市盈率40倍估值很合理，关键是万一出现飞天茅台酒提价的意外惊喜，那2 000元股价的贵州茅台的估值就是被严重低估了。

下篇

修炼已到
有知无畏阶段

投资者在股市摸爬滚打二十年，渐渐形成自己独立的完善的股票交易系统。这个时期的投资者就进入了股票投资的第三阶段，即有知无畏阶段。二十年的股市经验，让老股民看透了投资的本质。他们明白股市投资的本质是投资者的认知变现。投资者对股市运作规律的认知程度和对优秀企业估值规律的认知程度决定了投资者在股市投资的收获多与少。那些长期守着优秀企业慢慢变富的投资者，那些在股市身经百战，已经战胜了熊市恐惧和牛市贪婪的投资者，那些有坚定意志和耐心做时间朋友的投资者，只有他们才能到达财务自由的彼岸。

股票市场中的融资加杠杆，对绝大多数投资者来说意味着风险，一定要远离。巴菲特也反对加杠杆投资，他的态度是非常明确的。巴菲特在一次接受采访中表示："在我看来搭上自己身家的风险去换取不属于你的东西（筹码，暗指加杠杆）实在是疯了，就算在这种情况下令投资净值翻倍，也不会感到开心。"是的，在股市高杠杆融资，不管你多么幸运，成功过多少次，只要长期坚持下去就没有例外，最终归宿都是爆仓破产。

但是有一种股市"融资游戏"，它的存在不是为了赚快钱，它是老股民在股市长线投资漫长等待中的调味剂，它是老股民在认知能力基础上的一种投资实践小游戏。投资破产的有两种人：一种是什么都不知道的；一种是什么都知道的。在股市只有进入有知无畏阶段的投资者才有资格玩融资小游戏。这些投资者知道自己的能力圈边界，知道自己对大多数股票是处在无知状态的，知道自己是有纪律性的股民，在股市融资游戏中严格遵守纪律。他们在股市的漫长投资生涯中，理解和掌握了"融资游戏"的基本原理和风险控制。他们是在充分了解和管控融资风险的前提下，在更高一个层次来理解和认识股市规律。

第 7 章

股市融资的正确认识与实际运用

本章是写给在股市投资已经游刃有余的老股民的，当然，新股民也可提前学习了解。老股民在股市长线持有的孤独寂寞坚持已经没有任何问题。在这个前提下，有限度融资利用股市波动高抛低吸降低持仓成本价，是一种很好的股市中线和短线操作方法。

这里特别需要提醒投资者的是，本章所说的融资杠杆中线和短线操作仅适合于在 A 股运作。

7.1 融资加杠杆的目的

我们为什么要加杠杆融资在股市操作？它的意义又在哪里？正确的投资方式是在熊市买入绩优股，然后满仓长线持有，从熊市到牛市，时间大概是 6 年。在这漫长的持有中，如果什么也不做就是持有是很"寂寞"的。我以前就是这样默默坚持，熊市满仓后浮亏要坚持，牛市盈利也要坚持，一直熬到牛市疯狂期才需要操作，开始分批卖出。整个投资过程绝大部分时间都处在"寂寞"状态。

2010 年 3 月 31 日，上交所和深交所同时开通融资融券业务。通俗地说，融资交易就是投资者以股票证券作为质押，向证券公司借入资金用于证券买入，并在约定的期限内偿还借款本金和利息。投资者向证券公司融资买进证券称为"买多"。融券交易是投资者以资金或证券作为质押，向证券公司借入证券卖出，在约定的期限内，买入相同数量和品种的证券归还券商并支付相应的融券费用。投资者向证券公司融券卖出称为"卖空"。

总体来说，融资融券交易关键在于一个"融"字，有"融"投资者就必须提供一定的担保和支付一定的费用，并在约定期内归还借贷的资金或证券。本书不讨论融券交易，我们只讨论利用长线股票质押向证券公司借入资金买卖股票的操作方法。

牛市初期小仓位中短线融资操作既能增加盈利又能增加乐趣。融资操作的关键是适度小仓位融资，只有小仓位融资风险才是可控的，账户才是安全的。

我们在熊市长线建仓过程中，不可能都买在最低点。分批买入往往伴随着账户的浮亏，以往建仓完毕长线持有浮亏的时间会比较长，在牛市初期利用股市波动进行小仓位中短线融资高抛低吸操作可以使账户较快进入浮盈状态。这种方法如果用自有资金操作会降低资金使用效率，用融资操作可以提高投资者的资金利用率。

在从熊市到牛市的过程中，由于持有的个股基本面发生变化，比如股票明显高估，需要调仓换股到另一只股票上，刚刚买入的股票容易出现新的浮亏，这时用小仓位融资高抛低吸降低持仓成本效果也非常好。

上述原因是我融资加杠杆操作的主要理由。融资加杠杆就意味着风险，控制和管理风险是融资操作不爆仓的关键。一是要坚持选股的确定性，二是遵守仓位管理的纪律。下面我用经过股市检验的实战案例来具体说明融资的功效。

案例：盐湖股份降成本阻击战

时间：2022年2月7日。

标的物：盐湖股份。

状况：*ST盐湖2021年8月成功剥离亏损资产，债转股重新上市，恢复盈利，成为新的资源垄断企业；2021年8月到2022年1月，该股上市半年最高价为45.65元，最低价24.44元，2021年每股收益为0.85元。

目标：2022年1月底，盐湖股份收盘价为30.01元，计划2月开始用少量融资买入资源垄断企业盐湖股份，通过中短线高抛低吸，最后实现持有成本价低于20元的2万股盐湖股份。

2022年1月收盘，大盘收于3 300点左右，盐湖股份上市运行半年股价为30元，处在最高价45元和最低价24元之间的偏低位置，符合打降成本阻击战的条件。

下面介绍一下机械化操作中的短线降成本法。

所谓机械化操作就是把自己看成一个机器，只按照预先定好的计划执行买卖操作。我的融资机械化降成本方案是这样的：选择能力圈内业绩增长高确定性股票1只，比如盐湖股份。确定长线持有数量，比如2万股。在股票调整中分批买入，比如从 2022 年 2 月开始买入。合理分配融资额度，股价每下跌 3% 就买入一份，越跌越买。随着不断买入，持仓平均成本价就降低了，然后等股票调整结束开始上涨时，采取反向操作。记住！当股价超越成本价开始盈利后，分批卖出，股价每涨 3% 就卖出一份，越涨越卖。这样持有的股票的成本价就会进一步下降，而且是快速下降。等持有股票的成本价进入预定的低估安全区后就停止卖出，余下股票就可以转为长线持有了。

这次针对盐湖股份的中短线操作计划动用 300 万元的融资额度，2022 年 2 月，开始采用越跌越买机械化建仓方法。2022 年 2 月 7 日，我在开盘时以 30 元的价格买入 2 万股目标数量。为了操作方便，简单规定股价每下跌 1 元就加仓 1 万股。2 月 8 日，股价下跌到 29 元加仓 1 万股，合计持仓 3 万股，平均成本价为 29.67 元。2 月 16 日，盐湖股份股价开盘价为 31.6 元，超过了 31 元的卖出标准，卖出 1 万股，合计持仓 2 万股，平均成本价为 28.7 元。随后，盐湖股份一路上涨，保持持股不动。3 月 9 日，盐湖股份股价调整到 29 元，加仓 1 万股，28 元加仓 1 万股，合计持仓 4 万股，平均成本价为 28.6 元。3 月 24 日，盐湖股份股价达到 31 元，卖出 1 万股，合计持仓 3 万股，平均成本价为 27.8 元。3 月 25 日，盐湖股份股价达到 32 元，卖出 1 万股，合计持仓 2 万股，平均成本价为 25.7 元。4 月 15 日，盐湖股份股价调整到 29 元，买入 1 万股，合计持仓 3 万股，平均成本价为 26.8 元。4 月 18 日，盐湖股份股价调整到 28 元，加仓 1 万股，合计持仓 4 万股，平均成本价为 27.1 元。4 月 19 日，盐湖股份股价达到 31 元，卖出 1 万股，合计持仓 3 万股，平均成本价为 25.8 元。4 月 21 日，盐湖股份股价调整到 29 元，加仓 1 万股，合计持仓 4 万股，平均成本价为 26.6 元。4 月 22 日，盐湖股份股价调整到 28 元，加仓 1 万股，合计持仓 5 万股，平均成本价为 26.88 元。4 月 25 日，盐湖股份股价调整到 27 元，加仓 1 万股，合计持仓 6 万股，平均成本价为 26.9 元。4 月 26 日，盐湖股份股价调整到 26 元，加仓 1 万股，合计持仓 7 万股，平均成本价为 26.77 元。5 月 23 日，盐湖股份股价达到 31 元，卖出 5 万股，归还融资，合计持仓 2 万股，平均成本价为 16.2 元。本次阻击战最大动用融资额度 188 万元，在计划范围内，持有的 2 万股盐湖股份成本价降到了 16.2 元，低于目标成本价 20 元，降成本阻击战圆满结束。通过融资降成本阻击战，把 2 万股盐湖股份送入了低成本安全区，就可以长线持有了。

注意：每次操作都是按照计划在开盘前就完成了挂单，这样按时间优先，我们的挂单会第一时间成交。随着股价波动的机械化操作，特别适合上班族。下班回来看看成交结果，定好明天挂单价格。我经常在收盘价上下都挂单，比如收盘价是 29 元，我会挂单 31 元卖出，也会挂单 27 元买入。不预测股票涨跌，完全按照计划交易。

7.2 融资的运用技巧

证券公司规定融资最大额度是 100%，也就是 100 万元现金最多可以向证券公司融资 100 万元。如果用绩优大盘股质押融资比例大约是 70%，也就是说，100 万元市值的绩优股，最多可以融资 70 万元。融资利息随着融资额大小和客户具体情况浮动，大客户融资年息大约为 4%，中等客户融资年息大约为 5%，小客户融资年息大约为 6%。

在使用融资降低成本增加效益时，融资多少合适呢？投资者使用融资，证券公司软件都会显示一个融资担保比例，也就是说，融资担保比例定为多少合适呢？这是一个比较复杂的问题。因为同样的融资担保比例在股市的不同阶段风险是完全不一样的。所以，融资担保比例不是一个恒定数，它是需要动态管理的。我是这样管理融资账户的：上证指数在 3 000 点以下，这是大盘底部区域，融资账户的维持担保比例定为 400%~500%；上证指数在 3 500 点左右，融资账户的维持担保比例定为 600%~800%；上证指数突破 4 000 点，进入泡沫区域，结束融资操作，归还全部融资，把杠杆降到零。这个时候让本金和利润奔跑就可以了。

也可以参考沪深 300 指数市盈率来调整融资杠杆。沪深 300 指数市盈率从熊市 10 倍到牛市 14 倍的上涨过程，是合适使用融资杠杆的安全区；沪深 300 指数市盈率大于 15 倍，就要归还融资，把杠杆降为零。

再简单一点，也可以按账户本金多少来融资。1 000 万元的账户融资 200 万元是比较安全的，5 000 万元的账户融资最大额度就是 1 000 万元。

证券公司规定投资者有 50 万元资金就可以开设融资账户了，但我不建议在

50万元时使用融资。50万元是融资的门槛，账户50万元的投资者都还不够成熟，还没有形成自己稳定盈利的股票交易系统，他们不适合参与融资降成本操作。拥有1 000万元的融资账户在选高价绩优股进行融资操作时需谨慎，因为安全融资额度仅有200万元，融资操作余地比较小，成功率不高。如果选低价普通股操作，很容易失败。所以，200万元的融资额度最好是选择优秀指数基金来操作，比如看好白酒行业，就可以买酒ETF指数基金。账户若有1 000万元安全融资额度，选择股票的余地就非常大，所有明星绩优股都可以操作。

融资降成本阻击战我有多种操作方法，前面介绍的机械化操作降成本法是其中之一，下面再介绍三种方法供投资者参考。

1. 短线高抛低吸降成本法

短线阻击战建仓是在上涨趋势中，根据日K线技术指标来建仓打阻击战的。判断上涨趋势很重要，一定要在大盘指数下跌趋势完成翻转后进行。日K线KDJ指标是我经常短线降成本阻击战使用的技术指标，其在强势股票上比较有效，比如大盘在2022年4月27日创下2 863点后翻转向上，白酒股票中的舍得酒业、酒鬼酒等上涨强势，适合打短线阻击战。

下面以酒鬼酒为例说明短线阻击战的建仓和减仓方法。酒鬼酒是我长期跟踪的股票，中粮集团有限公司进入以后基本面发生了根本改变。中粮集团有限公司给与了酒鬼酒大量优质平台资源，同时，推动酒鬼酒内部改革和渠道创新。酒鬼酒在大股东中粮集团有限公司的管理下，逆境翻转扭亏为盈，净利润持续高速增长，回到了绩优股行列。

2022年4月的某一天，酒鬼酒股价为150元，60倍左右的市盈率，降成本阻击战目标是动用800万元融资，把1万股酒鬼酒成本价降到75元，市盈率低于30倍，这样就估值合理可以长线持有了。

2022年4月底，大盘翻转后，关注酒鬼酒日线KDJ金叉信号，5月27日酒鬼酒发出金叉有效信号，以收盘价143元买入5万股酒鬼酒。一次建仓买够数量，6月13日，酒鬼酒日线KDJ发出死叉信号，按收盘价165元卖出4万股，阻击战结束，留下长线持有的1万股，成本价为55元。

短线降成本阻击战注意要点：一定要在大盘反弹的上升趋势中才能进行操作；选择强势股票操作效果比较好。

2. 中线高抛低吸降成本法

中线降成本阻击战是运用在调仓换股较大资金降成本的情况下的，其建仓也是建在上涨趋势中，根据周 K 线技术指标来建仓打阻击战。判断上涨趋势很重要，一定要在大盘指数下跌趋势完成翻转后进行。周 K 线 KDJ 指标发出金叉信号是建仓买入机会。2020 年因为中国平安基本面发生持续变化，我在 2020 年上半年陆续获利了结清仓了中国平安，开始进行调仓换股，这次选中了中药龙头股片仔癀。4 月中旬，片仔癀周 K 线金叉发出中线建仓信号，我开始建仓，先用本金买入，本金用完再用融资接着买，5 月 8 日完成建仓，合计买入 10 万股片仔癀，平均买入成本为 143 元。中线降成本阻击战减仓可以通过观察周线 KDJ 的死叉信号来操作。由于我很看好片仔癀的业绩增长，实际情况是这样的：2020 年 7 月 17 日，周线发出死叉信号，我没有减仓，继续持有；2020 年 9 月 25 日，周线再次出现死叉信号我也没有减仓；一直到 2020 年 10 底，月线 KDJ 发出死叉信号，我才卖出了融资买入部分，完成降成本阻击战。阻击战后本金持有的 5 万股片仔癀成本价是 79.82 元，这个成本价属于被低估的价格，于是我转入长线持有了。

3. 融资阻击战高级玩法

在大盘调整趋势中，可以融资买入一些与股市相关度低的基金理财产品，等大盘调整结束，发出明确买入信号再回股市加仓降成本。

下面以黄金 ETF 为例简单说明一下。2013 年 6 月 24 日，华安基金管理有限公司发行了黄金交易型开放式证券投资基金，简称黄金 ETF，它是紧密跟踪国内现货黄金价格的基金。黄金 ETF 主要跟踪的是黄金现货价格，它的走势往往与股市呈现负相关性或弱相关性。黄金 ETF 的这个特点是我们在熊市时可以利用的。

我们来看一下上海现货黄金价格历史走势。2015 年 5 月，上证指数创下 5 178 点的牛市高点后就一路向下进入熊市调整，黄金价格却从 5 月收盘价为每克 237.5 元一路走高。2016 年 2 月，上证指数调整到 2 638 点的低点，黄金 2 月收盘价格为每克 258.81 元。从 2015 年 5 月到 2016 年 2 月，9 个月的熊市下跌时间千股跌停，大盘调整大跌了将近 50%。黄金却上涨了 9%，牛市高潮融资黄金 ETF 不仅可以获利，还可以躲避股市调整，规避爆仓风险。

2007 年 10 月，上证指数创下 6 124 点牛市高点，2008 年 10 月，上证指数调整到 1 664 点的低点。2007 年 10 月，上海现货黄金收盘价为每克 188.35 元，

2008年10月，黄金收盘价为每克162.2元。12个月时间，上证指数大幅调整73%，黄金价格仅仅调整了13.9%，黄金ETF是很好的股市避险工具。

另外，黄金ETF也可以作为资产配置的一部分，比如在牛市顶部区域，股票资产呈现泡沫状态。这个时候可以卖出股票，配置黄金ETF来锁定股票利润。等熊市大盘见底后再卖出黄金ETF，选择泡沫已经被挤得干干净净的绩优股来建仓。

备注：以上融资操作方法仅仅适用于A股，因为A股有许多独特的制度。比如涨停板跌停板制度，比如T+1交易制度等，它们对融资账户保护很重要。如果在港股或者美股开户，就不适合用融资操作了。看看在美股的蓝筹股阿里巴巴，可以从319元跌到58元。看看港股的蓝筹股腾讯控股，可以从709元跌到188元。如果买的不是蓝筹股，股票一天下跌98%都有可能，国外股市做空机制很全面，在这样的股市加杠杆融资，哪怕是很小的融资比例都有可能爆仓。所以，除了A股，其他股市都不适合融资加杠杆操作。

7.3 关于股指期权对牛市成果保护的探讨

牛市的泡沫期是投资盈利增长最快、利润最丰厚的时期。同时，也是投资系统性风险越来越大的时期。这个时候大盘随时都有可能翻转进入熊市。有没有一种投资方法既能享受牛市泡沫期利润的快速增长，又能在风险到来时保护好胜利果实呢？方法当然是有的，那就是利用股指期权。下面来讲讲股指期权。

1. 期权和沪深300指数期权

期权是交易双方关于未来买卖权利达成的合约，其中一方有权向另一方在约定的时间以约定的价格买入或卖出约定数量的标的资产。

沪深300指数是沪深证券交易所联合发布的反映A股市场整体走势的指数。沪深300指数就是一个金融产品标的资产，以沪深300指数为标的资产的期权就是沪深300指数期权。

2. 期权的买方和卖方的权利和义务

在期权交易中，购买期权的一方称作买方，出售期权的一方称作卖方。买方是权利的持有方，通过向期权的卖方支付一定的费用（期权费，也叫权利金）获得权利，有权向卖方在约定的时间以约定的价格买入或卖出约定数量的标的证券，因此，买方也称作权利方。期权的买方只有权利不用承担义务，期权的卖方有配合行权的义务。如果买方行使权利(行权)，卖方就有义务按约定的价格卖出或买入标的资产。期权卖方＝保险人（义务方），取得固定的保险费收益，承担义务。在期权被行权时，卖方承担买入或卖出标的资产的义务，因此，其必须按照一定规则每日缴纳保证金，作为其履行期权合约的财力担保。

我们参与沪深 300 股指期权交易的主要目的是给自己投资的股票在牛市极端情况下买个保险，所以，我们只做股指期权的买方也就是权利方。

3. 沪深 300 股指期权合约

沪深 300 股指期权合约是指由中国金融期货交易所统一制定的，规定买方有权在将来某一时间以特定点数买入或卖出沪深 300 指数的标准化合约。该指数期权的推出为股票投资中的风险管理提供了有力工具，它可以用来在牛市泡沫疯狂期的极端情况下对冲股市风险。有了沪深 300 股指期权的保险，投资者在牛市高潮期满仓持股就有了安全感。

由于沪深 300 股指期权把买方和卖方的权利与义务作了界定，我们作为股指期权的买方，在支付权利金买入认沽期权后，就规避了股市突然转熊下跌对我们股票持仓的不利影响，这样就可以在牛市泡沫期坚持持有股票仓位，享受丰厚利润成果。沪深 300 股指期权对冲风险的"保险"功能为广大股票投资者在牛市高潮期安心持股创造了有利条件。

股指期权在海外已经存在和运行了几十年，但是在中国还是一个新生事物。2019 年 12 月 23 日，沪深 300 股指期权在上海中国金融期货交易所上市，标准合约见表 7-1。

表 7-1　沪深 300 股指期权合约

合约标的物	沪深 300 指数
合约乘数	每点人民币 100 元
合约类型	看涨期权、看跌期权
报价单位	指数点
最小变动价位	0.2 点
每日价格最大波动限制	上一交易日沪深 300 指数收盘价的 ±10%
合约月份	当月、下 2 个月及随后 3 个季月

续上表

合约标的物	沪深 300 指数
行权价格	行权价格覆盖沪深 300 指数上一交易日收盘价上下浮动 10% 对应的价格范围。 对当月与下 2 个月合约：行权价格 ≤ 2 500 点时，行权价格间距为 25 点；2 500 点 < 行权价格 ≤ 5 000 点时，行权价格间距为 50 点；5 000 点 < 行权价格 ≤ 10 000 点时，行权价格间距为 100 点；行权价格 > 10 000 点时，行权价格间距为 200 点。 对随后 3 个季月合约：行权价格 ≤ 2 500 点时，行权价格间距为 50 点；2 500 点 < 行权价格 ≤ 5 000 点时，行权价格间距为 100 点；5 000 点 < 行权价格 ≤ 10 000 点时，行权价格间距为 200 点；行权价格 > 10 000 点时，行权价格间距为 400 点
行权方式	欧式
交易时间	9:30—11:30，13:00—15:00
最后交易日	合约到期月份的第三个星期五，遇国家法定假日顺延
到期日	同最后交易日
交割方式	现金交割
交易代码	看涨期权：IO 合约月份 -C- 行权价格 看跌期权：IO 合约月份 -P- 行权价格
上市交易所	中国金融期货交易所

下面对沪深 300 股指期权合约进行解读。

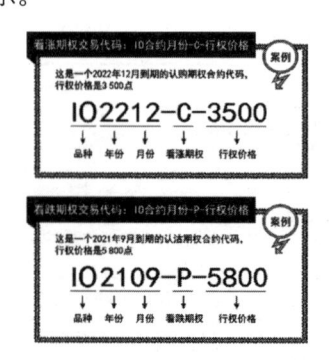

（1）沪深 300 股指期权合约交易代码

沪深 300 股指期权交易代码是 11 位，前两位是 IO 代表沪深 300 股指期权合约；第三位和第四位代表合约到期年份的后两位；第五位和第六位代表到期的月份；第七位为 C 或 P，分别代表看涨期权或者看跌期权；第八位到第十一位代表行权价格，如图 7-1 所示。

图 7-1 沪深 300 股指期权合约交易代码

（2）沪深 300 股指期权交易单位和报价单位

沪深 300 股指期权交易单位是 1 手，合约乘数是每点 100 元。报价的最小变动单位是 0.2 点。因此，每张合约价位变动的最小单位对应的盈亏是 20 元。

（3）沪深 300 股指期权涨跌停板幅度

沪深 300 股指期权合约每日价格涨跌停板幅度为上一交易日沪深 300 指数收盘价的 ±10%。沪深 300 股指期权合约的每日涨（跌）停板价格（权利金）为上一交易日结算价加上（减去）上一交易日沪深 300 指数收盘价的 10%。计算结果小于最小变动价位的，以最小变动价位为跌停板价格。

案例：比如上一交易日沪深 300 指数收盘于 4 000 点，权利金结算价为 50 点。当日权利金的涨停板价格为 450 点（50 点 + 4 000 点 ×10%），跌停板价格为 −350 点（50 点 −4 000 点 ×10%）。由于权利金的跌停板价格小于最小变动价位 0.2 点，所以权利金的跌停板价格为 0.2 点。从这个案例可以看出，期权价格日内可变动幅度巨大。一张 50 点合约价值是 5 000 元（50×100 元 = 5 000 元），向上涨停板到 450 点就是 45 000 元（450×100 元 = 45 000 元），向下跌停板就是 0.2 点，也就是 20 元（0.2×100 元 = 20 元），这就是股指期权的杠杆威力。

（4）沪深 300 股指期权到期月份

沪深 300 股指期权到期月份有：当月合约，下 2 个月合约和随后 3 个季月合约。

（5）沪深 300 期权交易时间

沪深 300 股指期权的交易时间是每周一到周五 9：30—11：30 和 13：00—15：00。

（6）沪深 300 股指期权买卖指令

沪深 300 股指期权的买卖指令有买入开仓、卖出平仓、卖出开仓、买入平仓等。

（7）沪深 300 股指期权最后交易日与到期日

期权的最后交易日为买方行权的最后一天，如果到期后期权没有行权，期权合约将自动作废。沪深 300 指数期权的最后交易日为到期月份的第三个星期五。如果遇到国家法定假日顺延。

案例：如果沪深 300 期权到期月份是 2022 年 1 月，该期权的最后交易日就是 1 月的第三个星期五，即 1 月 21 日。

（8）沪深 300 股指期权行权价格

沪深 300 股指期权的行权结算价为最后交易日沪深 300 指数最后两个小时的算术平均价。

（9）沪深 300 股指期权行权方式和交割方式

沪深 300 指数期权是欧式期权，所以买方只能在到期日才能行权。沪深 300 股指期权采用现金方式交割。

4. 沪深 300 股指期权的虚值期权、平值期权、实值期权

对于沪深 300 股指期权的认购期权，虚值期权是指行权价格高于标的资产价格的情况，平值期权是指行权价格等于标的资产价格的情况，实值期权是指行权价格低于标的资产价格的情况。

案例：比如沪深 300 指数处在 4 000 点，那么 IO2004-C-4000 合约就是一个平值期权合约。IO2004-C-4200 就是一个虚值期权合约，IO2004-C-3800 就是一个实值期权合约。

对于沪深 300 股指期权的认沽期权，虚值期权是指行权价格低于标的资产价格的情况，平值期权是指行权价格等于标的资产价格的情况，实值期权是指行权价格高于标的资产价格的情况。

案例：沪深 300 指数还是处在 4 000 点，那么 IO2004-P-4000 就是一个平值期权合约。IO2004-P-3800 就是一个虚值期权合约，IO2004-P-4200 就是一个实值期权合约。

实值期权既具有内在价值又具有时间价值，而虚值期权就只有时间价值了。实值期权的内在价值是指期权在当前市场条件下可以立即行使获得的价值，即标的资产价格减去行权价格的差额。而时间价值是指期权价值除去内在价值剩余的价值，主要由期权到期时间决定。由于实值期权具有内在价值，因此，其价格比较高，而虚值期权只有时间价值，因此，其价格比较低。

5. 运用沪深 300 股指期权对账户股票仓位如何进行"保险"

我们是通过买入沪深 300 认沽期权来对账户仓位进行"保险"的。当股市进

入牛市高潮期，我们会在相对高点买入沪深300指数的远月认沽期权，最好选择最远一个季度的季月期权。

由于沪深300股指期权上市时间较短，我们以图7-2所示的指数区段来举例说明如何买入认沽期权对股票账户进行"保险"。

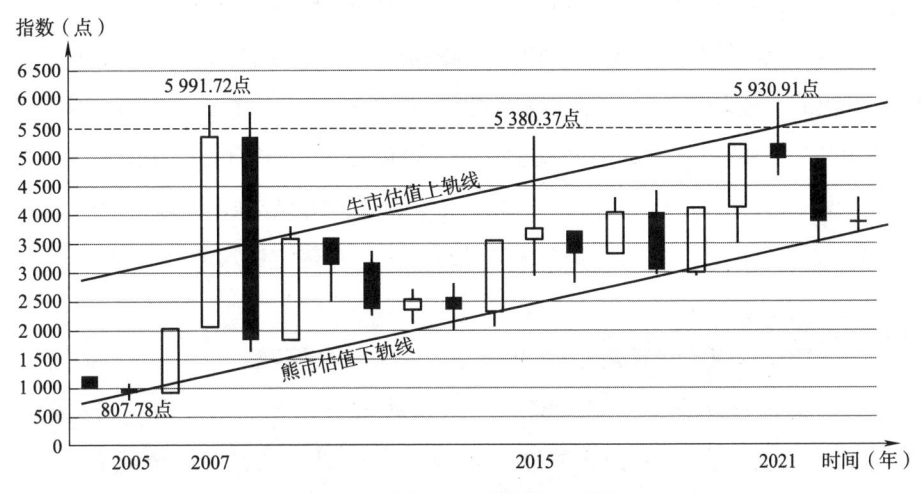

图7-2 沪深300指数年K线图

图7-2中沪深300指数在2021年1月25日突破5 500点位置的牛市长期趋势上轨线，同时，这一天也超越了2015年牛市最高点，这个时候可以买入牛市的"保险"了。

我们选择在2021年1月25日沪深300指数突破5 500点时开仓买入沪深300认沽期权。

（1）牛市极限状态下买入虚值认沽期权的牛市"保险"策略

虚值期权只有时间价值所以比较便宜，杠杆更高，同样数量的资金可以买更多手数。而沪深300指数一旦翻转走向熊市，虚值期权就会变成实值期权了。下面我用1 000万元市值账户来说明如何买入"保险"来保护牛市利润。

对于1 000万元市值的账户，我们用3.5%的市值35万元来买"保险"。2021年1月25日，沪深300指数收盘于5 625点，我们以收盘价358.8元买入虚值合约IO2112-P-5400沪深300认沽期权10张，买入"保险"的金额为35.88万元（手续费忽略不计）。2021年12月17日，沪深300指数期权IO2112-P-5400合约结算点位是4 964.77点，按每点100元现金交割，交割金额：（5 400-4 964.77）×100×10=435 230（元）。

从沪深300指数双轨趋势图位置来看，我们判断沪深300指数4 900点是熊市调整的下跌途中的点位，于是，用期权交割的现金435 230元继续买入"保险"。2021年12月20日，沪深300指数期权远期最后一个季度新合约上市，我们还是买虚值合约，IO2212-P-4600合约收盘价为205元，可以买21张。

2022年10月31日，沪深300指数跌到了熊市长期趋势线下轨，这个时候大盘随时可能翻转，我们不能等待合约2022年12月交割。这时我们需要把21张IO2212-P-4600合约全部卖出平仓。合约收盘价是1 098.4元，如果以收盘价卖出平仓，一张合约卖价为1 098.4×100元=109 840（元），21张合计是2 306 640元。在大盘熊市中获利大约195万元。在确定进入熊市后把持仓股票从容卖掉，盈利效果会更好。

（2）熊市极限状态下买入认购期权虚值的熊市建仓策略

在熊市调整末期，比如沪深300指数跌破长期趋势线下轨，可以利用股指期权来做建仓"保险"，通过买入股指认购期权来实现稳健建仓。买入沪深300股指认购期权后，大盘继续下跌，我们仅仅损失权利金，但是本金可以买到更便宜的股票。如果大盘翻转上涨，认购期权产生的杠杆利润相当于我们已经建仓了。具体操作如下：还是1 000万元资金账户，2022年10月31日沪深300指数跌破长期趋势线下轨，我们用5%资金50万元买入最远季度认购期权IO2309-C-3600虚值合约20张，在2022年12月确认大盘翻转后，把认购期权平仓卖出获利了结，然后动用本金和期权利润完成建仓。

总结：股指期权作为衍生品具有独特的杠杆和风险收益特征，我们利用期权买方的权利可以为股市投资的股票仓位在牛市高估时买份"保险"。沪深300股指期权的买方损益与标的资产沪深300指数的涨跌是非线性关系，两者不存在固定的比例关系。也就是说，股指期权的买方看错方向，比如股市继续疯狂上涨，最大亏损就是权利金。这时账户股票上涨的利润远远超过权利金，风险是完全可控的。而一旦看对方向，牛市翻转后熊市来了，则期权的利润却可以几倍几十倍地放大。我们就是利用期权的这个特性，用总资金的3%~5%为股票投资买"保险"的。上了"保险"的股票投资账户在牛市泡沫期是很安全的，它可以让投资者安心享受牛市泡沫的疯狂。

7.4 我的投资笔记

1. 在高估值环境下买入好股票,并把它送入低估值安全区长期持有的可行性研究报告

2020年5月,我碰到一个问题:账户重仓的中国平安基本面发生变化,股价在上涨中严重落后于大盘指数,急需调仓换股。可是心仪的好股票估值看着都已经很高了,比如医药行业赛道好,细分行业的很多龙头股票都很不错,就是估值看着有点儿高。能不能买入?怎么买入?怎样通过高抛低吸的方法把持仓成本降到低估值安全区,这是当时我在研究的投资课题。好公司也要有好价格,只有把好公司估值降到低估安全区,长线持有才能安心。

在研究中我发现,好股票有一个共同的特点,随着业绩的不断增长,股价长期创新高,而且不分牛市和熊市。如果打开好公司的年K线图,你会发现,好公司的股价一直沿着K线图的右上角方向不断地向上延伸。好公司都是明星股,大家都喜欢,市场需求多,主力机构买得多,估值自然就不会低了。在2016年2月的熊市底部,银行股平均市盈率是4倍多,龙头医药股平均市盈率是30多倍。到了现在牛市初期,银行股平均市盈率是6倍,医药股龙头平均市盈率都上百倍了。好股票在股民眼里什么时候都是贵的,怎样买入和持有是我在股票投资中要研究解决的问题。

总结了A股的实际情况,我设计了一个买入方案:选择能力圈内创新高的高估好股票一只,确定长线持有数量。在股票调整中分批买入,合理分配资金,股价每下跌3%就买入一份,越跌越买。随着不断买入,持仓平均成本价就降低了。然后等股票调整结束开始上涨时,采取反向操作。

要点:当股价超越成本价开始盈利后,分批卖出,股价每上涨3%就卖出一份,越涨越卖。这样持有的股票成本价就会进一步下降,而且是快速下降。等持有股票成本价进入预定的低估安全区后就停止卖出,余下股票就可以转为长线持有了。

实战案例:我计划长线持有1万股高估的医药股长春高新。这次降成本阻击战计划动用融资杠杆买入3万股,当股票上涨到预定价格时分批卖出2万股,余下的1万股持仓成本就会大幅下降进入安全低估区。拿着低估的长春高新就可以忽略波动,长线持有。

建仓条件：大盘翻转进入牛市初期和接下来的震荡市周期都是适合打降估值阻击战的，我的贵州茅台阻击战就是在大盘翻转走出后的震荡市周期完成的。现在是牛市初期，完全可以打阻击战降估值。在牛市中期和后期股市风险增大，就不再适合进行此类操作了。计划实施时，长春高新股价处在历史高点附近，相较于历史最高点来说，已经调整了12%，估值处在90倍静态市盈率，比较高估。要把这种不断创新高的高估值股票送入估值安全区是有一定挑战性的。但不用怕，在战略上藐视它，在战术上重视它。股价会说话，长春高新股价长年连创新高，股价创新高的背后体现着公司内在业绩高速增长的优秀基本面，短期调整一定是有底的。在我看来，牛市初期的调整一般会在2~3个月结束，调整幅度按最高点计算在20%~30%。选择阻击战降估值的股票时一定要慎重，要选那些持续多年股价连创新高、公司基本面保持稳定的股票，这是阻击战成功的关键，因为股价连创新高的背后意味着未来公司业绩增长的确定性。

如果让我在股价连创三年新低的老牌大白马东阿阿胶上打阻击战，或者让我在股价连创五年新低，同样是老牌大白马的同仁堂上打阻击战，我是不敢的。股价连创新低说明他们的业绩未来高增长是没有确定性的，这些股票一定要等公司基本面好转以后才能买入。

达成目标：利用杠杆资金，在非常安全的融资担保比例范围内采取层层阻击战术，越跌越买，分批建仓，把1万股高估值的长春高新股票送入低估安全区。

目标达成后，杠杆融资还给证券公司，余下的1万股长春高新就可以放心长线持有了，如图7-3所示。

图7-3 长春高新市盈率曲线

在长春高新2010年到2020年十年的市盈率中，最低值是熊市2016年4月的27倍市盈率，最高值就是104倍市盈率，平均值是53倍市盈率。长春高新在70倍静态市盈率以下就安全了。因为长春高新业绩高速增长，2020年每股约7.78元利润，70倍静态市盈率的股价对应的动态市盈率就只有46倍，也就是说，应将长春高新持仓成本价降到360元。

方案实施：2020年9月初，我在长春高新股价为460元时开始建仓，建仓1万股。运气不好，短线调整变成了中线，长春高新股价开始了3个月的中线大幅下跌调整之路。3个月时间股价从最高价513元跌到了318元，跌幅高达38%，超出了一般最大30%的范围。我坚持按建仓方案越跌越买，最多买入了3.3万股，平均成本价为393元。长春高新这次调整非常剧烈，日跌幅5%~6%是家常便饭，更在9月14日和10月23日两天出现了跌停板。2020年9月14日，千亿市值的大白马、号称"医药茅台"的长春高新被一份网传的会议纪要按在了跌停板上。这份在市场上流传的由东吴证券于9月12日调研长春高新子公司长春金赛药业有限责任公司（下称金赛药业）的会议纪要，记载了长春高新核心子公司金赛药业总经理金磊与东吴证券医药团队探讨的多个业务问题。其中，金磊释放了两个关键信息：金赛药业预计明年销售目标将从约35%降至约25%；由于自己个人原因，年底还会做减持。这份会议纪要让长春高新单日蒸发200亿元市值。第一个跌停板过去了，接下来证券市场周刊记者薛宇在2020年10月22日发表一篇文章，10月23日，开盘长春高新又跌停了。很多股民都被连续大幅下跌搞怕了，纷纷清仓离场。广大股民牛市亏钱就是这样亏出来的。当时报刊杂志利空文章满天飞，没有坚强的意志是不可能打赢阻击战的。报刊利空文章"狂轰滥炸"以后，到了10月26日，长春高新创出调整以来的新低318.51元，当时我的长春高新最大浮亏在20%左右。面对长春高新再次跌停，我在雪球10月27日发了一篇帖子：上周长春高新利空不断，证券市场周刊也发文配合，这个记者发这篇文章是巧合呢？还是配合机构建仓，不得而知。我选择相信长春高新针对网传的这份会议纪要专门及时发布的公司三季度业绩预告，业绩预告表明长春高新三季度将达到75%~85%的利润增长，这是非常高的增长。只要业绩不爆雷，我就坚定持股不动摇。长春高新利空信息满天飞，我心里有业绩增长的底，稳如泰山根本不受他们的干扰和影响。后面的结果大家都看到了，利空消息风吹过，长春高新股价就开始翻转并一路上涨，两个月后就创出520元的新高。我也按计划越涨越卖，陆续卖出2.3万股，最后剩下的1万股长春高新成本价为343.65元，在预定目标价360元以下，成功把1万股长春高新送入了低估安全区。

实践证明，在牛市初期对高估值绩优明星股运用阻击战方法降估值建仓是完全可行的。2020年3月，在走出2 646点的底之后，我在2 800点到3 400点打了一系列阻击战，在恒瑞医药、长春高新、片仔癀等股票上成效明显，长春高新阻击战是最难的，其他阻击战降成本都很顺利。最大收获就是运用阻击战方法买入了大家都认为高估的片仔癀股票，这可是我想了多年的绩优明星股，现在终于拥有了，而且是最重的仓位。2021年我的长线组合浮盈丰厚，留足了厚厚的安全垫。不惧怕牛市经常有的深幅调整，可以安心长线持有了。

结束语：希望股友们结合自身条件参考运用我降估值阻击战的方法，一起来拥有高估值最优秀的明星好股票！

备注：持有股票需要时刻关注公司基本面的变化。2021年受药品集采影响，长春高新基本面发生变化，业绩增速下降，我就获利了结清仓卖出了长春高新。

2. 融资不爆仓有方法：压力测试，融资股民的必修课

下面将介绍持有融资账户如何进行压力测试，通过了压力测试就不用担心爆仓了。

（1）不要融资炒股

在股市中，新手败于追高，老手败于抄底，高手败于杠杆。新手往往易因追高被套牢，坚持不追高才能在股市活得久。老手的熊市抄底往往抄在半山腰，套个一年半载很正常。下面主要说一说高手败于杠杆的问题。面对大盘调整股价持续下跌，大部分开通融资融券满仓满融的股民内心是痛苦的，压力非常大。大盘调整时都是利空消息，各种故事满天飞。恐惧被放大，大盘指数往往跌过头。当融资担保比例到达警戒线150%时，股民常常夜不能寐，浮想联翩，整个人被爆仓的恐惧控制。再跌就要爆仓啦！平仓线是融资担保比例130%，当融资担保比例达到130%，股民如果不追加担保物就会被强制平仓，追加担保物后的维持担保比例不得低于150%。比如你融资100万元，当现金+信用证券账户内证券市值总和只剩下130万元时，就会被要求增加担保物，否则就会被强行平仓。如果单一股票融资，股民的 100 万元资金，在证券公司按正规融资 1∶1 满融，最多能融 100 万元。股票调整 25% 就到达 150% 警戒线，股票下跌 35% 就是 130% 的平仓线。股民在被平仓后，还了证券公司融资款再扣掉融资利息，100 万元本金基本就剩 25 万元左右。再想回本就需要找个能涨 4 倍的黑马股，这太难了。雪球股市论坛有一个股民融资长春高新股票爆仓了，他的本金是从银行贷的，这是在杠杆上加杠杆，爆仓后不仅没有剩下钱，还欠了一屁股债。没有杠杆，股票亏损是浮亏，坚持一下涨上去就盈利了。账户如果被证券公司强平了，这可是永久性亏损，将来股票涨回去也跟你没有关系了。炒股看似简单，其实要想长期盈利是很难的。在股市，90% 股民的长期盈利考核都是不及格的。融资炒股就更残酷了，股市 99% 的股民不适合融资炒股。所以，在如何管理融资账户上，我劝没有融资的股民，一定不要融资，这是一条不归路。

（2）融资炒股注意要项

已经在股市加了杠杆，上了融资炒股这条船的股民，该如何把控融资风险避免爆仓呢？下面我详细讲解一下融资炒股需注意的要点，希望对融资股民有所帮助。

融资标的选择。

融资账户中用于融资的担保品，要是稳健优秀的股票，最好是大盘股。中小创股票在调整中往往股价波动幅度比较大，缺乏稳健性，不适合作为担保品。严禁单吊一只股票，也就是担保品和融资买的股票相同，这样会增大爆仓风险。因为即使是贵州茅台，也有过大幅调整的时候，历史上茅台股价有过两次大幅回撤。一次是大盘创历史高点 6 124 点后的 2008 年大熊市，茅台从高点回撤 62.5%，另一次是塑化剂风波事件，茅台从高点回撤 51.1%。第三次大回撤就是 2021 年 8 月，茅台已经回撤 40% 了。我认为这次回撤极限是 50%，对应股价是 1 300 元。因为前两次是在熊市中回撤，这次是在牛市中回撤，这次跌幅不应该超过前两次。融资是锦上添花的事，选择指数基金比较好，可以避免个股爆雷的风险。如果你的担保品是绩优大盘股，你融资可以买点中小创股票，买中小盘股指数基金更安全。中证 500ETF 和中证 1000ETF 都是比较好的融资标的物。如果买美股标普 500ETF 指数基金和纳斯达克 100ETF 指数基金就更好了，买它们可以对冲 A 股风险。有股民说我喜欢小盘股的爆发力，我的担保品是小盘股，那你融资再买股票就不要买小盘股了，买大盘绩优股可以降低融资风险，最好是买大盘股指数基金，这样就没有股票爆雷的非系统性风险了。上证50ETF和沪深300ETF都是很好的融资标的物，如果融资买恒生ETF指数基金还可以实现T+0操作，当天就可以买卖赚差价了。

重点：无论是担保物还是融资股票，一旦基本面出问题就要无条件调仓换股。比如东阿阿胶，基本面出问题后股民不认输、不认错，融资坚持着，这是错误的融资操作方法。具体到我的融资账户，我认为中国平安基本面出问题了，从2020年4月开始，我就坚决调仓换股。我调仓买入片仔癀有运气成分，不过好运气一定都属于时刻准备着的股民。

总结：融资账户担保物股票和融资买的标的物股票要不同，分开买的好处就是降低风险；跨市场买港股指数基金或者美股指数基金降低风险效果会更好，还可以实现T+0操作。

压力测试。

融资买股票，担保比例一定要合适，这就是我下面要说的融资动态管理。融资担保比例应该随着大盘涨跌动态调整。融资买入股票后，要定期进行压力测试。所谓压力测试，就是极限测试，通过了极限测试的融资担保比例才是合适的担保比例。极限测试，就是把不可能当成可能来测试，通过了才能保证融资账户的安全。例如，当股市大白马抱团股风险已经释放得差不多的时候，如果你的担保物是大盘绩优股，就可以用50%的极限下跌来测试了。也就是说，现在你的账户市值下跌50%，融资担保比例要高于担保警戒线150%，即你现在的融资担保比例高于300%就算通过极限测试了。

当大盘处在高位时，就不能用50%的下跌来测试了，要用70%的下跌来测试。例如，某年春节前的大白马股高位，要保证账户下跌70%时，融资担保比例高于警戒线150%，才算合格。而热点科技股新能源股融资账户就要用70%的下跌来进行极限测试才行。

总结：融资的股民始终要明白，融资就是投机，只能少量融资，满融是贪婪的极限，不仅伤身，搞不好还要爆仓。满仓满融是要不得的！无论什么时候都不要满仓满融。

（3）融资实战案例

我的融资账户为什么挺住了2015年千股跌停的熔断，在2018年2 440点和

2020年两次暴跌中屹立不倒，没有发生爆仓风险呢？压力测试是我的法宝！我始终认为理论要经得起实践的检验，说到就要做到，知行合一才能在股市长期盈利。下面就用真实融资账户案例来说明一下融资账户风险管理过程。

我的融资账户主仓是贵州茅台，极限测试当前股价1 596元下跌50%到798元时账户的融资担保比例是多少？

答案：维持担保比例是181%，离警戒线还有15%的下跌空间。当茅台股价跌到575元是130%平仓线，按每股业绩41元算，市盈率是14倍。我认为在牛市，茅台跌到15倍市盈率没有可能性极低，极限测试通过了。

再来说说2021年2月9日的压力测试。春节前白马抱团股疯涨，当天贵州茅台收盘价为2 456.43元，这个时候要按70%的下跌比例来测试。茅台下跌70%是737元，如果还是要达到180%维持担保比例的话，那就要求2月9日账户的融资担保比例要达到600%以上。当时我降低了融资杠杆，账户的融资担保比例是1 582.52%，远远超过极限测试要求。在贵州茅台股价为2 500元的时候，我把杠杆降得很低。杠杆融资来不得半点虚假，一定要真正做到该恐惧时不贪婪，融资账户才能安全运行。

股市是一个特殊的竞技场，为什么特殊呢？我常常把A股比作一盘没有终点的中国象棋比赛。在这个赛场上，"象棋大师""象棋特级大师"和刚入市连"棋手"资格都没有取得的新股民同场竞技，结果就可想而知了。新手能知道"马走日""象走田"已经很不错了，而老手已经把未来提款的后三步棋怎么走都谋划好了。在真正的象棋比赛中，大师们是不和新手下棋的，因为一点悬念都没有。在股市就不同了，谁会跟钱过不去呢？老股民长期持续赚钱，我没有看到谁想歇歇手的，都是乐此不疲。

股市是一个没有硝烟的"战场"，老股民都形成了自己独一无二的交易系统，它们就是老股民手里的先进武器。没有形成自己交易系统，甚至连交易系统是什么都不知道的广大股民，基本上就是拿着冷兵器进入股市"参战"的，每次牛市高潮都损失惨重。等到老股民熊市底部来打扫战场的时候，你就看吧，新股民一个个都躺在深深套牢的弹坑里睡大觉。

重点：没有形成自己股市交易系统的股民，那是绝对不能融资炒股的。融资对于你们，那就像背着汽油桶上战场，随时都可能把自己燃烧掉。

第 8 章

股票交易系统的再完善

投资者建立了自己的交易系统后，还要不断完善自己的交易系统，只有这样才能更好地适应股市的实际情况。在满仓持有的前提下，调仓换股是老股民应对股市变化的重要方法。

投资者在熊市底部区域根据各种底部信号完成建仓，最后在 KDJ 月 K 线发出金叉信号以后，就可以完成建仓进入满仓持有阶段。从熊市底部区域发展到牛市顶部区域，中间的每个阶段股票的涨跌情况是不同的。根据股市所处的不同阶段，我们要选择不同的股票和仓位来对应。同时，我们持有的股票基本面也是在不断变化的，要根据公司基本面的变化来调仓换股予以对应。

2007 年的牛市是属于大盘绩优股和中小创股票的牛市，2015 年的牛市仅仅是中小盘股票和创业板股票的牛市。在牛市初期阶段要仔细观察得出结论，然后对应所建仓的股票。2019 年从 2 440 点开始的牛市是大盘绩优股的牛市，在建仓时，应以沪深 300 指数基金里的绩优股为主要目标。

调仓换股可以把表现弱势的股票换成表现强势的股票，也可以把表现强势的股票换成表现弱势的股票。但是如何调仓就要具体问题具体分析了，总之要用正确的调仓方法应对股市变化。下面就以 2019 年上证指数 2 440 点开始的这次牛市为例来具体说明我是如何根据股票基本面变化进行调仓换股操作的。

8.1　A 股从熊市到牛市运行过程中的调仓换股

熊市建仓买入股票后是长线持有阶段，在这个阶段轻易不要调仓换股。出现下列情况就需要调仓换股了。

1. 股票基本面发生重大变化要调仓换股

长线持有股票时要时刻留意公司基本面的变化，一旦出现影响公司业绩增长的重大事件，就要毫不犹豫坚决调仓换股。

2015年底熊市，我在30元建仓中国平安，长线持有多年。建仓后中国平安每年业绩持续稳定增长，我持有中国平安四年时间是很安心的。

2019年11月22日，中国平安突然发布公告：联席CEO之一的李源祥因为个人工作安排原因，将辞去公司执行董事、联席首席执行官、常务副总经理及首席保险业务执行官职务。注意，保险公司是管理出效益的行业，公司高管变化是判定基本面是否实质变化的一个因素。李源祥是中国平安元老，在中国平安工作16年，掌舵平安寿险业务多年，他是分管个人客户综合金融业务的中国平安三大联席CEO之一，为平安寿险领先保险行业立下了功劳。他的辞职发出了一个重要信号，平安寿险遇到问题了，我开始更紧密地关注中国平安。

2020年4月1日，汇丰银行发布公告，获英国央行审慎监管局的通知，在2020年底前暂停派发所有普通股的季度或中期股息或应急款项，亦不会进行普通股回购。中国平安为汇丰控股第二大股东，持股比例为7.01%。公告发布期间，中国平安持股汇丰14.19亿股，按照汇丰原定2019年4季度派息每股0.21美元计算，中国平安此次将减少约3亿美元的股息收入，折合人民币约21亿元。另外，按照汇丰过往多年都会分派中期息的惯例，年内合计共可收3次，各0.1美元，合计0.3美元，那么中国平安在2020年还将原本可获得股息额近4.3亿美元。也就是说，此次汇丰银行宣布暂停派息，中国平安在汇丰的分红上便将至少损失7.3亿美元，折合人民币约51.8亿元。除了股息的落空，在二级市场上因汇丰暂停派息而造成股价波动带来的账面损失则更难估量。这是中国平安基本面改变的又一因素。

综合考虑后，我在2020年4月，以72元的价格开始卖出中国平安进行调仓换股操作。2021年，中国平安投资的华夏幸福又爆雷，这对中国平安业绩来说更是雪上加霜，股价持续下跌。两年后，中国平安股价腰折，最低时股价跌破了36元。

2. 股票涨幅过大出现利空情况时要调仓换股

从熊市到牛市的长线持股过程中，手中的股票如果涨幅过大，就要密切观察了。账户中持有的股票出现三倍以上涨幅后，尤其要密切关注股票基本面和技术面动态，尤其要重视月线连续出现两到三个月的快速上涨情况。这个时候一但有利空消息出现就要果断地卖出，进行调仓换股。

片仔癀也是我长线重仓的一只股票，它产品历史悠久，拥有独家保密配方，业绩常年持续 20% 的增长。2016 以后的牛市涨幅巨大，它是我获利最多的股票之一。片仔癀 2021 年 3 月股价在 250 元左右震荡，4 月开始上涨，月涨幅为 18.24%，5 月涨幅为 13.14%，6 月涨幅为 17.02%，7 月初股价突破 490 元，市盈率突破 150 倍，明显有估值泡沫。我的观点是：低成本长线持有片仔癀的股民这个时候要拿住片仔癀不动，现在振兴中医中药的"风"来了，就让它尽情地吹，我们持有片仔癀赶上泡沫疯狂不容易，要学会享受泡沫上涨，但是要密切关注"风"向变化。

　　面对大幅上涨的股价，2021 年 7 月 21 日晚间，片仔癀发布公告：片仔癀控股股东九龙江集团因自身资金需求，拟于 15 个交易日后的 3 个月内，通过集中竞价减持不超过公司 1% 的股份。7 月 22 日，片仔癀收盘跌停，7 月 23 日，收盘时又下跌 5.49%，大股东减持发出了明确信号，"风"向变了。经过认真分析后，我作出了调仓换股的决定，一开盘我就在 401 元 ~402 元清仓了片仔癀。进行这次调仓换股操作，我在高位锁定了片仔癀的利润，保住了投资收益，享受了一百多倍市盈率的泡沫成果。一年后片仔癀股价大幅调整，55% 的跌幅足够一次熊市的跌幅了。

3. 牛市下半场保存胜利果实要调仓换股

　　牛市上半场投资者取得丰厚利润以后，比如 3~5 倍的投资收益，在投资策略上就要考虑防守了。牛市下半场的特点是大盘指数短时间快速上涨，个股泡沫飞扬，市场一片欢乐祥和。有经验的老股民这个时候都会再次调仓换股，把仓位调换到业绩最稳定、确定性最高的少数大盘股里面。

　　这样操作是有道理的。牛市后期股票估值处在泡沫阶段，股票价格就像击鼓传花一样一段一段快速上升，股票的流动性很强，每天成交金额也很大。这个时候人心是不稳的，往往一个利空消息就会改变上涨趋势，使股市进入牛熊转折点。

　　2015 年的牛市后期，2 月底，上证指数收盘是 3 310 点，然后连续大涨 3 个月。进入 6 月。上证指数开始冲顶，6 月 12 日冲高到 5 178 点。这次牛市是 A 股第一次有融资杠杆参与的牛市，再加上场外配资，完全可以说这是一次杠杆牛市。证监会 2015 年 6 月 13 日发布通知，为进一步加强证券公司信息系统外部接入风险管理,维护证券公司信息系统安全、稳定运行,有效防范风险,保护投资者合法权益,证监会根据有关规定下发了《关于加强证券公司信息系统外部接入管理的通知》。通知中特别强调了各证券公司不得通过网上证券交易接口为任何机构和个人开展场外配资活动、非法证券业务提供便利。注意,这个证监会通知事后证明就是这次牛市的转折点,通知发出当天股市应声下跌,场外配资开始大批撤离。

2015年的熊市和以往有显著的不同,那就是下跌又快又猛。融资账户的持续爆仓,尤其是场外配资造成的杠杆踩踏十分严重。上证指数6月下跌7.25%,7月下跌14.34%,8月下跌12.49%,9月又下跌4.78%,上证指数从最高点5 178点一路猛跌,最大跌幅达45%,千股跌停的场面在A股不断发生。由于杠杆资金导致很多投资者账户爆仓,一批又一批账户被强制平仓,所以,这次熊市下跌非常快速和惨烈。上千只股票被打到跌停板上,很多投资者想平仓都无法卖出,于是第二天就挂跌停板价卖,这就出现了一些股票连续跌停的现象。

为了在牛市末期和熊市初期安全撤离股市,保护好投资的胜利果实,在牛市下半场进行调仓换股很有必要。牛市下半场指数大幅上涨造成投资者持有的大多数股票都处在盈利状态,这个时候,需要把各个股票的盈利进行卖出锁定,尤其是中小板和创业板的股票要提前锁定利润。然后调仓换股到大盘绩优股上,这样账户就安全了。牛市继续疯狂,我们持有大盘绩优股享受上涨红利,当有一天牛市出现转折的时候,大盘股一般不会出现连续跌停板现象,我们可以从容撤离。

这里我们还是用2015年的牛市来举例说明一下。2013年6月,大盘调整在1 849点见底后经过一年盘整震荡于2014年6月启动牛市。牛市的上半场运行了半年多,到2014年12月底、2015年初经过一个多月震荡调整后进入牛市下半场。在3 200点到5 178点的牛市下半场要分批把盈利股票卖出,然后集中到少数绩优大盘股上,比如贵州茅台、长江电力、工商银行等。这些股票在熊市初期的调整中一般都不会有跌停板,更不会像小盘股那样连续跌停。投资者持有它们,在2015年6月的熊市初期,哪怕是千股跌停也可以很从容地全部清仓账户里的股票。

8.2 满仓集中持股与均衡配置

新股民初入股市投资买宽基指数基金是最好的选择。买宽基指数基金降低了投资者对股票认识的要求，哪怕是一点股票都不懂的新股民也可以买指数基金。买指数基金会取得和大盘指数一样的平均收益，这也很不错，但是，想要超越指数收益的老股民就必须集中持有最优秀的股票。

只有集中持有最优秀的股票才能长期超越指数。股市里优秀的股票占比一般在 5% 左右，这个比例在全世界各个股票市场基本上都是一样的。

我的所谓集中持股就是把账户资金集中到少数几只优秀股票上，根据资金大小一般选 3~5 只股票做一个组合。

集中持股需要选择最优秀的股票来持有，所以，集中持股对投资者的股市认知和选股能力要求很高。投资者不但要能选择好股票，而且要能承受这些股票的大幅波动，坚定长期持有不动摇。

所谓均衡配置，就是集中持有的股票要在多个行业来配置，不要集中到一个行业里。我的经验是：在熊市末期和牛市初期选择 5 只股票建仓，大小盘结合多行业分布效果最好。那么，选择哪些行业的股票比较好呢？这就要结合每个投资者的能力圈来做出选择了。

从全球股市来看，最容易产生长期优秀公司的行业有两个：消费行业和医药行业。我就喜欢在这两个行业里选择。

我的熊市建仓集中持股情况如下：

（1）贵州茅台持仓比例 20%（大盘股）；

（2）酒鬼酒持仓比例 20%（小盘股）；

（3）片仔癀持仓比例 20%（中盘股）；

（4）中国中免持仓比例 20%（大盘股）；

（5）恒瑞医药持仓比例 20%（中盘股）。

到了牛市下半场，股票就要调仓换股再集中，可以集中到大盘绩优股票和宽基指数基金上。

我的牛市下半场集中持股情况如下：

（1）贵州茅台持仓比例60%；

（2）长江电力持仓比例20%；

（3）上证50ETF持仓比例20%。

8.3 长线投资满仓策略与短线投机的有机融合

世界股票400多年历史给出了个人投资者通过股票盈利实现财务自由的答案：那就是长线满仓持有最优秀的股票。

投资者在熊市建仓以后就是满仓长线持有，只有长线满仓持有才能成为股市10%的实现长期盈利的投资者。

短线高抛低吸虽然只能赚小钱，但是在长线满仓持有的同时，利用长线持有的仓位短线融资加杠杆，小仓位高抛低吸实现超额收益是可行的。在熊市转入牛市后，股市处在上升趋势中，这个时候利用融资来降低持仓成本是很好的方法。融资不是本金，是不怕卖飞的，所以，没有后顾之忧。同时，小仓位的高抛低吸还能解决投资者长线持有中的炒股寂寞问题，它属于锦上添花的操作。

我在每次熊市结束后的牛市上半场，都会小仓位融资做短线创造利润。只要坚持合理分配融资，分批买入越跌越买，高抛低吸越涨越卖，积小胜为大胜，就可以在其中实现短线获利。

当大盘走出熊市进入牛市上半场以后，大盘指数就不再创新低，这个时候合理分配融资额度拉开建仓空间分批建仓，造成特定条件下有限的资金大于股票波动的状况，这就是短线融资能盈利的基本逻辑。这个时候可以利用融资杠杆短线赚钱。

下面我们就以沪深300指数为例来说明牛市上半场短线融资赚钱的确定性。牛市上半场，沪深300指数是在波动中不断上升的，只要我们合理分配好融资额度，在绩优股上进行高抛低吸就一定可以赚钱。

2019年1月，沪深300指数创下2 935点最低点后开始反转进入牛市，月线KDJ指标在2月发出金叉信号。这个时候就可以短线融资建仓，高抛低吸降成本了。

建仓方法：若账户中的1 000万元资金长线买了贵州茅台仓位，就可以用不超过200万元融资额度来短线操作，方法如下：

（1）在2月底金叉确定时，以收盘价买入易方达沪深300ETF指数基金。把200万元融资额度分成10份，每份20万元。因为是刚刚进入牛市，大盘指数处在低位，首次建仓要一次买入5份，动用100万元融资。

易方达沪深300ETF指数基金2月收盘价为1.589元，为了说明方便，我们买入60万股。

（2）融资建仓后就要面对价格波动，不要预测价格涨跌，只要根据价格涨跌做出对应操作就可以了。先说价格下跌了怎样对应，易方达沪深300ETF指数基金本次熊市最低价为1.278元，我们的建仓价格是1.589元，这中间有约20%的空间。我们余下的100万元融资额度就按照每下跌4%买入20万元操作，越跌越买就可以了。如果价格不下跌就坚决不买。一定要严格按计划操作，这是短线盈利的关键。如果建仓后价格上涨，就把60万元股易方达沪深300ETF指数基金分成10份，每涨4%卖出6万股，越涨越卖。随着基金不断卖出，余下的基金成本价不断降低，当成本价降到1.28元时就停止卖出，可以改为长线持有。因为持仓成本已经是熊市最低价了，不会再亏损。这个时候可以换另一只还没有启动的股票来重新建仓操作。

（3）短线融资操作和长线不同，一定要按照股价上涨时不断分批卖出、股价下跌时不断分批买入执行。在股价的短期波动中实现盈利，利用融资把每一次的股价波动利润都锁定。当沪深300指数月K线KDJ指标处在高位后，尤其是出线死叉信号时，要学会短线休息，降低融资杠杆，等它再次发出金叉信号再开始操作。融资短线操作一定要选择绩优股，不能在消息股和业绩一般的股票上操作，这样才能保证短线操作盈利的成功率。

最后再补充说明一下：股票投资长线满仓持有好股票是根本，中短线融资赚钱仅仅是起一点辅助效果，千万不能本末倒置。我用图8-1展示了我的交易系统再完善。

图8-1 我的交易系统再完善

8.4 我的投资笔记

在本章的投资笔记中，我着重分享趋势投资是价值投资的重要组成部分这一内容。

贵州茅台 2022 年中报于 8 月 2 日晚发布。2022 年上半年营业总收入 594.44 亿元，同比增长 17.20%；归母净利润 297.94 亿元，同比增长 20.85%。净利润和销售收入都创下了三年来的最好业绩，完全符合市场预期，甚至还略微超了一点点预期。贵州茅台半年报，我最关注的是销售渠道变革及未来的发展趋势。首先，茅台产品结构优化升级，在 i 茅台数字营销渠道推出了四款新产品：虎年生肖茅台、珍品茅台、茅台 1935 和 100 mL 飞天茅台。这四款产品都是以零售价直销，茅台产品直销毛利率高达 96%，而批发代理渠道毛利率是 90%，直销提高了毛利率 6 个百分点。尤其是 100 mL 飞天茅台 399 元的零售价相当于 500 mL 零售价为 1 995 元。这是产品结构升级提高利润的典型案例。未来在飞天茅台酒不提价的日子里，只要把增量的茅台基酒用于生产 100 mL 规格飞天茅台和生肖茅台，就能达到增产增利的效果。

贵州茅台直销渠道的发展趋势，尤其是 i 茅台数字营销渠道的上线运行，为未来贵州茅台高速平稳发展奠定了坚实基础。下面我们看看近几年茅台直销渠道的发展趋势。如图 8-2 和图 8-3 所示，2015 年，贵州茅台直销收入 19.88 亿元，批发代理收入 306.86 亿元，直销占比 6.02%，产品销售模式：代理经销为主、公司直销为辅。2016 年，贵州茅台直销收入 34.84 亿元，批发代理收入 353.56 亿元，直销占比 8.97%，产品销售模式：代理经销为主，公司直销为辅。2017 年，贵州茅台直销收入 62.47 亿元，批发代理收入 519.21 亿元，直销占比 10.74%，产品销售模式：代理经销为主，公司直销为辅。2018 年，贵州茅台直销收入 43.75 亿元，批发代理收入 519.21 亿元，直销占比 6.59%，这一年直销占比倒退了，产品销售模式：代理经销为主，公司直销为辅。2019 年，贵州茅台直销收入 72.48 亿元，批发代理收入 780.95 亿元，直销占比 8.49%，产品销售模式：批发代理渠道经销＋直销。注意，这里销售模式变化了：从 2019 年开始，产品销售模式不再提以批发代理渠道为主了。2020 年，贵州茅台直销收入 132.40 亿元，批发代理收入 815.81 亿元，直销占比 13.96%，产品销售模式：直销和批发代理渠道销售。注意，2020 年，直销模式排在批发代理前面了。2021 年，贵州茅台直销收入 240.29 亿元，批发代理收入 820.29 亿元，直销占比 22.65%，这一年直销发力了，产品销售模式：直销和批发代理渠道销售。2022 年中报显示，贵州茅台直销收入 209.49 亿元，批发代理收入 366.14 亿元，直销占比 36.39%，在直销中，i 茅台在二季度实现了 44.16 亿元的销售额，我预计全年 i 茅台可以实现销售收入大约 130 亿元。

单位：亿元

项目	2015	2016	2017	2018	2019	2020	2021	2022上半年
直销	19.88	34.84	62.47	43.75	72.48	132.4	240.29	209.49
批发代理	306.86	353.56	519.21	519.21	780.95	815.81	820.29	366.14
直销占比	6.02%	8.97%	10.74%	6.59%	8.49%	13.96%	22.65%	36.39%
销售模式	代理经销为主直销为辅	代理经销为主直销为辅	代理经销为主直销为辅	代理经销为主直销为辅	批发代理渠道经销+直销	直销和批发代理渠道销售	直销和批发代理渠道销售	

图 8-2 贵州茅台直销百分比数据

图 8-3 贵州茅台直销占比增长趋势图

i 茅台作为贵州茅台渠道销售变革的主力，如图 8-3 所示，我预计 2023 年将会实现 180 亿元~200 亿元的销售额。未来，贵州茅台销售模式的发展趋势是以直销为主，再经过几年发展，预计会达到直销占比60%、批发代理销售占比40%的局面，甚至可能会出现茅台直营店+i茅台销售占比70%，商场超市占比10%，电商占比10%，传统经销商占比10%份额越来越少，最后被压缩到10%左右的局面，如图8-4所示。这是茅台产品未来的销售趋势，这种销售趋势意味着未来几年飞天茅台酒即使出厂价不调整，茅台业绩也会保持15%~20%的中高速增长。这是茅台销售渠道的优化带来的毛利润和净利润双提升。

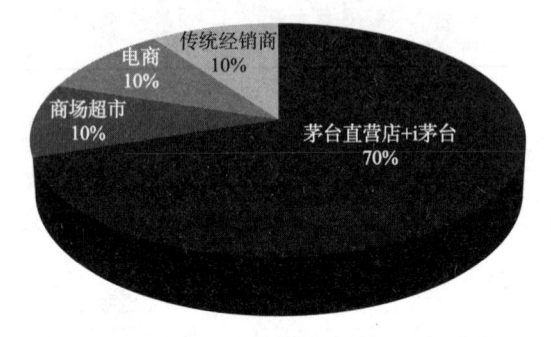

图8-4 贵州茅台销售模式份额占比预测

贵州茅台可以说是A股业绩增长确定性最高的股票，因此，当牛市来了的时候，贵州茅台的估值具有随着牛市的发展保持不断增高的特性，这就是贵州茅台估值的趋势性。我们拿波澜壮阔的2007年蓝筹股牛市来举例，看看贵州茅台的估值的趋势性变化。2001年，大盘创下2 245点牛市高点后进入熊市。我们看看贵州茅台的估值变化：2003年底市盈率为18.21倍（滚动市盈率），2004年底市盈率为19.27倍（滚动市盈率），2005年底市盈率为21.30倍（滚动市盈率），2006年底市盈率为59.01倍（滚动市盈率），2007年底市盈率为101.27倍（滚动市盈率），2007年大盘创下6 124点高峰后开始进入熊市，2008年11月11日市盈率跌到18.86倍（滚动市盈率）。从18倍到101倍的估值趋势就是没有最高只有更高。在牛市发展中，如果你从18倍持有到36倍卖出茅台，那后面盈利丰厚的牛市下半场就没有你什么事了。但是牛市高潮一定要获利了结，否则一年时间，估值很可能就会从100倍被打回到18倍估值。

2015年是中小创牛市，大盘在创下5 178点后进入熊市，我们再来看看这次贵州茅台估值的变化：2015年底市盈率为17.04倍（滚动市盈率），2016年底市盈率为25.37倍（滚动市盈率），2017年底市盈率为36.15倍（滚动市盈率），2018年底市盈率为23.29倍（滚动市盈率），2019年底市盈率为36.31倍（滚动市盈率），2020年底市盈率为54.47倍（滚动市盈率），2021年底市盈率为51.99倍（滚动市盈率），2022年6月底市盈率为46.08倍（滚动市盈率）。

在牛市没有进行到疯狂的下半场时，投资者就要坚持满仓持有。投资者要关注贵州茅台直销增长的趋势性，更要关注其估值增长的趋势性。股票投资一定要认清股市发展的趋势性，在牛市发展过程中要坚持趋势投资，坚决持有好股票不动摇。等待真正的牛市高估，等待牛市泡沫的高潮，这才是股票投资的正确态度。很多股民在牛市上半场拿业绩增长的确定性股票去换业绩增长的不确定性股票。这就是要小聪明，比如拿贵州茅台去换低估的银行、保险、地产股。若是拿业绩增长的确定性去换业绩增长的更高确定性，我觉得倒是可以的。例如，贵州茅台、片仔癀都是盈利模式好的明星股票，都具有业绩增长的确定性，但是从性价比来衡量，我把片仔癀换成了更高确定性的贵州茅台。我为什么要这样做呢？因为在2 440点开始的牛市上半场，我的股票投资利润已经很丰厚了，在等待牛市下半场的时候，持股既要注重确定性，又要注重趋势性。也就是在确定性的基础上，把握牛市下半场的趋势性，争取利润扩大化。所以，我把中国平安的利润和片仔癀的利润都锁定了，仓位全部集中在最具确定性的贵州茅台股票上，耐心等待牛市下半场。股票投资最难的就是现在这个阶段，获利丰厚且股票估值又不低，还要满仓耐心持有。此时满仓贵州茅台是因为你能看清它的未来趋势，而不被表面的估值迷惑；现在因为你懂得它的业绩会越来越好，还包含未来飞天提价的惊喜；是因为你知道它的价值，不到牛市高潮3 000元以上坚决不卖。

第 9 章

我对技术指标的理解与运用

所谓技术指标，就是把股市中每天的股票价格或股票指数的变化，通过一定的数学公式进行运算得出的一系列数据组合。人们把这些连续变化的数据形成各种曲线和图形，用来分析和判断股市未来的走势。

我国证券市场已经发展 30 余年了，券商提供的股票交易软件，功能也在不断完善。大部分券商的股票软件都能提供各种技术指标给投资者参考，有的有 20 多个。技术指标在股票投资中有作用吗？很多投资者研究了各项技术指标，最终发现技术指标有时很准，有时就不准了。该怎样理解和运用它们呢？

我对技术指标长期使用的体会是它们有很多不足和局限性，投资者只有明白了各个技术指标的不足，充分了解它们的局限性，在股市投资中扬长避短、融会贯通地运用技术指标并取得经验后，才能将它们作为股票交易系统中的辅助参考指标。

所有技术指标的分析都是建立在历史数据曲线基础上的经验总结。这些指标信号都不具有 100% 的准确性，这就需要投资者把技术分析和自身股市实践相结合，以过滤掉无效信号，提高信号的准确性。下面我就用经常使用的随机指标 KDJ 为例，说明技术指标是如何运用在股票投资决策中的。

9.1 将 KDJ 随机指标作为熊市长线建仓和加仓的辅助参考指标

股票市场的投资历史表明，长线投资投资效果最好。长线投资的买入建仓和加仓点很重要，建仓点低投资效果就好，而且建仓浮亏时间短，长线持有很舒服。如何选择熊市低位买入建仓点？下面用 KDJ 指标来说明建仓方法。

在随机指标 KDJ 中，以最高价、最低价及收盘价为基本数据进行计算，得出的 K 值、D 值和 J 值分别在指标的坐标上形成一个点，连接无数个这样的点位，就形成一个完整的、能反映价格波动趋势的 KDJ 指标。它主要是利用价格波动的真实波幅来反映价格走势的强弱和超买超卖现象，在价格尚未上升或下降之前发出买卖信号的一种技术工具。在设计过程中，它主要是研究最高价、最低价和收盘价之间的关系，同时也融合了动量观念、强弱指标和移动平均线的一些优点，因此，能够借它比较迅速、直观地研判行情。

运用随机指标研判股价走势主要有以下三点：

（1）K 线是快速确认线——数值在 90 以上为超买，数值在 10 以下为超卖；D 线是慢速主干线——数值在 80 以上为超买，数值在 20 以下为超卖；J 线为方向敏感线——当 J 值大于 90，特别是连续 5 天以上，股价至少会形成短期头部，反之 J 值小于 10 时，特别是连续数天以上，股价至少会形成短期底部。

（2）当 K 值由较小逐渐大于 D 值时，在图形上显示为 K 线从下方上穿 D 线，所以，在图形上 K 线向上突破 D 线时，称为金叉，即为买入信号。

（3）当 K 值由较大逐渐小于 D 值时，在图形上显示为 K 线从上方下穿 D 线，趋势是向下的，所以，在图形上 K 线向下突破 D 线时，称为死叉，即为卖出信号。

KDJ 随机指标也分周期，如日线、周线和月线。日线用于短期研判，周线用于中期研判，月线用于长期研判。随机指标在日线上是非常敏感的，会快速波动发出许多错误买入信号，因此，我一般不用日线 KDJ 指标研判趋势，我喜欢用月线 KDJ 随机指标研判大盘趋势。我的长线建仓主要是观察月 K 线 KDJ 信号。在使用月 K 线观察时，小盘股成交量小，股价波动大，容易被大资金干扰出现骗线情况，也就是我们常说的假金叉买入信号。以往我都是用上证指数来研判趋势的，它成交量大，无法被干扰，信号比较准确。

如图 9-1 所示，在上证指数月 K 线走势图中，从 2005 年 1 月至 2023 年 1 月，在月 K 线上发出 13 次金叉买入信号，其中，九次长线建仓和加仓机会（见虚线圆圈在金叉处的标注），准确性高达 70%，完全可以作为熊市建仓和加仓的辅助指标。在实践中，我结合上证指数长期底部趋势线进行筛选，又过滤掉了三次无效信号，这样准确性就提高到 90% 了。

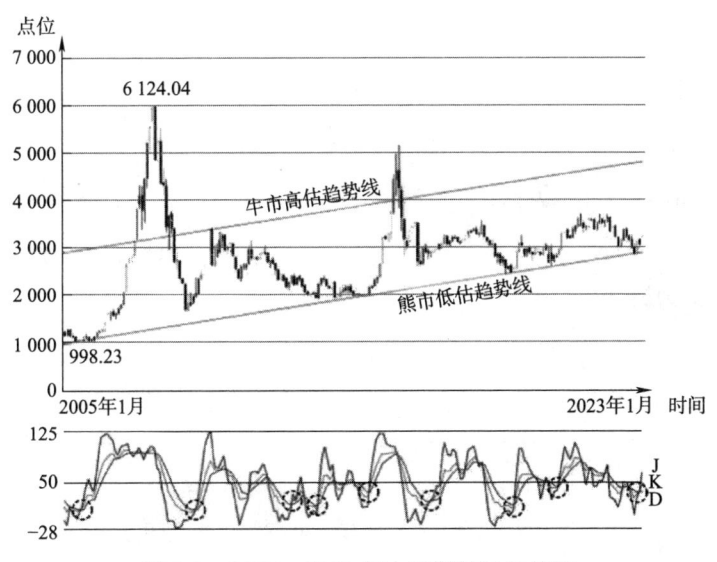

图 9-1　2005—2023 年上证指数月 K 线图

结论，在上证指数月 K 线图上，将随机指标 KDJ 金叉信号与上证指数长期熊市低估趋势线结合可以基本准确地确定建仓和加仓点，在这些点位买入绩优股，未来在牛市时能取得很好的投资效果。

这里我们以 A 股盈利模式最优秀的两只股票贵州茅台和片仔癀作为案例来验证一下建仓效果。为方便说明，我们不计算盈利百分比，就用前复权股价来说明。（如果要得出准确的盈利增长百分比，最好用后复权股价来计算）

如图 9-2 所示，2015 年 5 178.19 点牛市过后是熊市调整。KDJ 随机指标发出金叉信号的第一建仓位置是 2016 年 6 月 30 日，由于月线 KDJ 金叉信号是右侧建仓信号，所以可以一次就满仓买入。2016 年 6 月 30 日，贵州茅台收盘价为 261.63 元（前复权），片仔癀收盘价为 43.92 元（前复权），这两个收盘价都是非常好的右侧建仓点。随后的加仓点有三个。2019 年 2 月 28 日是第一个加仓点，贵州茅台收盘价为 711.70 元（前复权），片仔癀收盘价为 104.25 元（前复权）；2020 年 6 月 30 日是第二加仓点，贵州茅台收盘价为 1 415.73 元（前复权），片仔癀收盘价为 169.26 元（前复权）；2022 年 12 月 30 日是第三加仓点，贵州茅台收盘价为 1 727 元（前复权），片仔癀收盘价为 288.46 元（前复权）。从熊市建仓点和后续的加仓点来看，KDJ 随机指标作为长线右侧辅助建仓和加仓的技术指标是比较有效的。

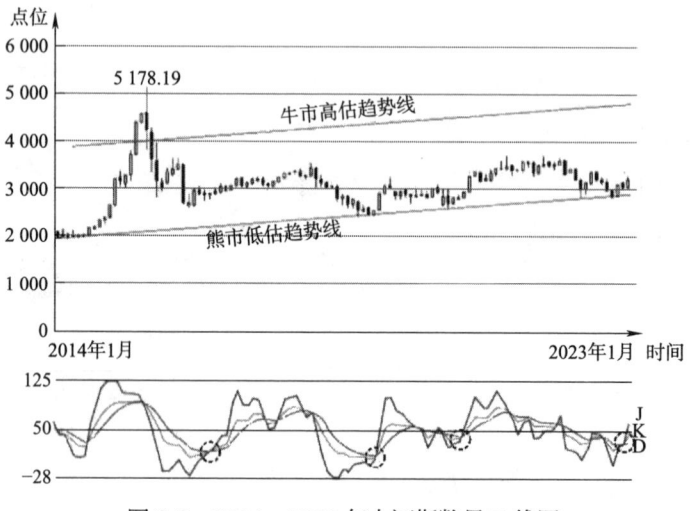

图 9-2　2014—2023 年上证指数月 K 线图

我多年的使用经验就是用上证指数来观察建仓信号，因为上证指数股票多，成交量大，信号准确性较高，一旦发出信号就立刻满仓要买入的股票。贵州茅台＋片仔癀是我理想的组合。资金比较少的投资者也可以在这些建仓和加仓点买入指数基金，比如上证 50ETF、沪深 300ETF 等。但是，2021 年后，上证指数有些失真，不能准确代表股市的趋势。于是从 2022 年开始，我改用沪深 300 指数来研判 A 股大盘趋势。

9.2　将 KDJ 随机指标作为牛市长线减仓和清仓的辅助参考指标

牛市下半场如何减仓和最后清仓撤离股市是股票投资中非常重要的操作环节，它关系到牛市胜利成果能收获多少。股市有句老话说得好：会买的是徒弟，会卖的才是师父。很多投资者在牛市是盈利的，甚至盈利很多，由于没有处理好牛市泡沫期的离场操作，被贪婪之心蒙蔽了，结果牛市的盈利全部被熊市调整吃掉，甚至出现了大幅亏损。所以，股市投资中最重要的一环就是牛末熊初清仓股票离场。这是保护牛市胜利成果，提高投资效益的关键一步。

我们还是用 KDJ 月 K 线长线指标来研究牛市末期和熊市初期的撤离方法。以 2015 年牛市为例，当时，上证指数在 2015 年 5 月创下了 5 178 多点的新高，到达牛市最高潮。2015 年 6 月 KDJ 月线发出死叉信号，要不要清仓呢？我们再做一个上证指数上轨趋势线进行筛选。沿着 2005 年牛市最高点和 2015 年牛市最高点做一条趋势线，如图 9-3 所示。

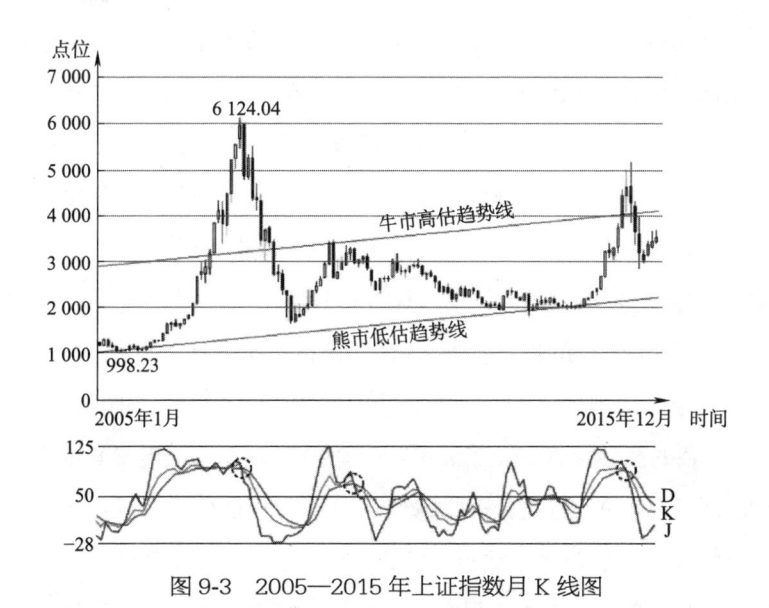

图 9-3 2005—2015 年上证指数月 K 线图

上证指数高于这条趋势线的就是牛市顶部区域，在牛市顶部区域的死叉卖出信号必须重视。这条趋势线过滤掉了许多无效死叉信号。上证指数只有在 2007 年、2009 年和 2015 年超越过，过后都发生了熊市调整，无一例外。沿着这条趋势线，未来上证指数突破 4 500 点就要提高警惕了，一旦 KDJ 月线发出死叉信号，并且伴随三线向下发散现象就要毫不犹豫清仓离场。

下面我拿自己投资深成指 B 杠杆指数基金真实案例来说明一下在 2015 年牛市末期撤离的全过程。深成指 B 杠杆指数基金是分级基金的进取部分，虽然 2018 年资管新规推出，保本保息的理财产品必须要在 2020 年底之前退出市场。分级基金 A 部分约定了固定收益，不符合法规要求，所以，分级基金在 2020 年退市了。但这不妨碍我们把它作为案例来说明牛市末期清仓操作过程。

2013 年 6 月，深成指 B 杠杆指数基金跌破 0.3 元，这个时候其处于下跌无杠杆、未来上涨有三倍杠杆的状态。于是，我开始大量建仓该基金。在这次熊市末期整整 1 年时间，我都是一有资金就加仓，直到 2014 年 7 月上证指数月线金叉，该基金突破 0.3 元后才停止买入加仓。

时间来到 2015 年 5 月 20 日，深成指扩容，指数样本数量从 40 只扩充到 500 只，增加了 460 只中小创股票。深成指扩容当天，深成指 B 杠杆指数基金突破 1.0 元，当时的股市人声鼎沸，中小创股票全都飞上了天，其中，创业板龙头股乐视网市盈率高达 400 倍。就在这一天，我卖出了第一批深成指 B 杠杆指数基金，牛市总撤退开始了。随后的日子，深成指 B 杠杆指数基金每涨 5 分钱左右，我就卖出一批，最高卖价是 1.30 元。2015 年 6 月 26 日，上证指数收盘 4 478 点，大跌 7.4%，A 股两千只股票跌停。上证指数和深成指月线 KDJ 都发出了死叉信号，于是，我决定周一开盘就清仓。2015 年 6 月 29 日星期一，这是我最后一批深成指 B 杠杆基金清仓的日子。9∶28 分，我看到买盘是 1.0 元，按照时间优先我挂盘 1.0 元是不可能成交的，于是我挂出 0.99 元的卖盘，按照价格优先原则，9∶30 开盘，我的卖单全部成交了。没想到 0.99 元就是当天的最高成交价。后面的熊市大家都知道了，熔断，千股跌停。深成指 B 杠杆基金又回到了 0.3 元附近，资管新政推出后，其更是跌到了最低的 0.13 元，最后退市了。

2015 年牛市撤退经历 1 个月零 9 天，从 1.0 元起卖到 0.99 元结束，卖了一个圆弧顶形状，平均卖出价为 1.09 元，比较完美地实现了牛市撤退。

2021 年 1 月沪深 300 指数占位超越 2015 年牛市创了新高，应该清仓等待熊市，可是上证指数仅仅到达 3 700 点，没有被高估。这让我错失了一次清仓机会。我在 2021 年 1 月仅仅做了减仓降融资的动作，把融资杠杆从 20% 降到了 3% 左右。虽然后面的熊市我调仓换股锁定利润效果还比较好，但是如果我将监测大盘的指数信号改为沪深 300 指数，在 KDJ 发出死叉信号后清仓，效果就更好了。

如图 9-4 和图 9-5 所示，我们仔细对比上证指数和沪深 300 指数 K 线就明白了。有了这次 2021 年绩优蓝筹股牛市的经验总结，从 2022 年开始，我的大盘指数参考指标更改为沪深 300 指数，这样能更真实地反映股市的实际情况。

图 9-4　2005—2022 年上证指数月 K 线图

图 9-5　2005—2022 年沪深 300 指数月 K 线图

9.3 用 KDJ 随机指标指导中短线融资高抛低吸降成本操作

利用融资杠杆中线和短线高抛低吸获利是时刻遵守严格交易纪律的老股民才能做到的事。股票的中短线操作获利不容易，需要经验和一些条件。下面我用具体案例来详细说明。

短线操作依据日线信号进行，中线操作依据周线信号进行。操作顺序是短线指标服从长线指标，日线服从周线，周线服从月线。

中线操作方法：在大盘月线 KDJ 指标金叉信号出现后，逢大盘调整时观察周线 KDJ 信号，当周线 KDJ 信号出现金叉就可以融资买入建立中线融资仓位。当周线 KDJ 出现死叉信号时，获利了结卖出融资仓位。

以贵州茅台为例，贵州茅台周线在 2019 年 4 月出现调整，6 月 21 日发出周线金叉信号可以建仓股价为 930 元的贵州茅台（前复权）。建仓后，刚刚上涨两周就遇到调整，这个时候我选择持有。因为大盘从 2 440 点底部刚刚翻转，不怕调整。调整后贵州茅台在 8 月 16 日再次发出金叉信号，这个时候其股价为 1 020 元，可以再加仓。当贵州茅台周线 KDJ 走出顶部形态，J 线钝化后形成死叉，如 11 月 22 日出现的形态，就要卖出融资仓位降杠杆了，这时在 1 150 元卖出融资的贵州茅台获利了结。

周线融资注意事项：在进行中线融资降成本操作时，一定要在长线 KDJ 指标金叉后进行。尤其是在周线 J 线低位钝化后形成的金叉可靠性更高。

短线日 K 线操作方法可以参考周线进行，由于日 K 线波动太频繁，错误信号较多，这里就不展开讨论了。

中短线波段操作有运气成分在里边，所以要小仓位操作。融资杠杆不要高，融资比例控制在自有资金的 10%~20% 比较合适。需要注意的是，融资做中短线波段操作适合在牛市上半场进行，到了牛市下半场就不要融资上杠杆了。牛市下半场虽然容易赚钱，但那已经到了收获的季节，满仓持有让本金和利润奔跑就好。不要太贪婪，要时刻观察股市动态，一旦出现减仓信号，就要分批坚定撤退。图 9-6 为形象化的 KDJ 指标信号。

图 9-6　KDJ 加仓和减仓信号

9.4 我的投资笔记

1. 酒 ETF 行业指数基金，股民投资新选择

2019 年，鹏华基金管理有限公司成立了鹏华中证酒交易型开放式指数证券投资基金，基金代码 512690，基金跟踪中证酒指数，这为刚入市资金少的投资者提供了一个新选择。酒 ETF 基金十大重仓股中有一只啤酒股（青岛啤酒），其他九只都是白酒股。

白酒行业有非常独特的盈利模式，这决定了它是一个产生牛股的行业。白酒行业有三个特点是我们要特别关注的。

一是白酒产品销售毛利率高。

白酒企业产品普遍毛利率高。我们来一起看看主要上市酒企在 2021 年的销售毛利率：

贵州茅台 2021 年的销售毛利率为 91.54%；

五粮液 2021 年的销售毛利率为 75.35%；

泸州老窖 2021 年的销售毛利率为 85.70%；

山西汾酒 2021 年的销售毛利率为 74.75%；

洋河股份 2021 年的销售毛利率为 75.32%；

酒鬼酒 2021 年销的售毛利率为 79.97%。

白酒行业各企业的平均销售毛利率高达 75% 左右。白酒企业的高毛利率造就了白酒企业都很有钱，大额现金留在账上，因此，白酒企业上市后都不需要再融资。这点比银行股强多了，你看着银行股，它们几乎轮流年年向市场要钱补充资本金，赚了钱也不敢多分红。白酒企业不一样，它们赚的是没有杠杆的真钱，所以白酒企业分红很大方，平均每年拿出当年利润的一半以上用来分红。白酒行业是所有有上市公司行业中分红最慷慨的行业。

下面是六家白酒企业在 2021 年的分红率：

贵州茅台 2021 年的分红率为 52%；

五粮液 2021 年的分红率为为 50%；

泸州老窖2021年的分红率为60%；

山西汾酒2021年的分红率为41%；

洋河股份2021年的分红率为60%；

酒鬼酒2021年的分红率为47%。

随着人民生活水平的不断提高，未来人们会对高端白酒产品需求增大。飞天茅台、第八代五粮液、国窖1573、30年老白汾、梦之蓝、内参酒等白酒高端产品会越来越受欢迎。所以，白酒企业具有高毛利率、高分红率两大特点。

二是白酒行业产品库存的特殊性。

白酒企业高毛利率的原因是什么？秘密就在白酒的酿造工艺和白酒的老熟过程。白酒企业采用的都是几百年前老祖宗留给它们的酿造白酒技术，虽然工艺各有不同，但都有一个老熟过程。老熟时间越长，白酒喝着就越醇和越绵柔。白酒酿造出来越陈越香的特点决定了白酒产品不会像其他企业的产品会过时淘汰。例如，格力或美的当年生产的空调，如果没有完全卖出，积压在库房里，两年以后就得降价出售，五年以后还卖不出去就得淘汰当废铜烂铁卖了。白酒就不同，五年以后的老酒售价更高。白酒产品生产出来不会因时间而贬值，这是白酒高毛利率的秘密。另外，白酒的酿造工艺讲究古法传承，所以，不需要太多的产品研发费用，这就形成了白酒企业投入资金少、生产白酒多、产品毛利率高的特点。白酒企业具有库存产品越多越久越增值的独特盈利模式。

三是白酒是讲究历史传承的。

著名的白酒企业都是老字号，都是老祖宗留给我们的宝贝。白酒行业是一个非常讲究历史和出身的行业，这个行业没有历史积淀是很难存活下来的。举两个我真实经历过的案例：一个是秦池古酒，一个是孔府宴酒。它们都是山东小县城新建的小酒厂，在20世纪90年代都当过中央电视台广告标王，它们的广告语在当时家喻户晓。"永远的秦池，永远的绿色""喝孔府宴酒，做天下文章"。这些新白酒新品牌，投入巨额广告费，热闹了几年就销声匿迹，甚至被破产拍卖了。

所以，仅仅靠资金是打造不出优质白酒的，优质白酒都是经过几百年上千年筛选后留下来的。所以，这些有悠久历史经过无数次淘汰才存活下来的老字号白酒企业，它们之间都是良性竞争，是香型不同的竞争，是工艺不同的竞争。这样的竞争是不打价格战的，它们各自宣传各自的酒文化，各自的酒香型。它们的产品从来都是随着时间涨价。看看龙头白酒贵州茅台的价格变化，1982 年我大学毕业参加工作，一个月的工资大概可以买 6 瓶茅台酒。40 多年后的今天，大学毕业后，如果一个月 9 000 元工资的话，也能买 6 瓶茅台酒。白酒企业就是用不断涨价来战胜通货膨胀的。白酒行业著名品牌之间都是良性竞争，企业产品具有持续涨价的特点。

对上面三点进行总结：白酒行业是一个良性竞争环境下，拥有优秀且独特的盈利模式，具有高毛利率、高分红率的行业。

可是广大散户股民入市时间短，账户资金少，该怎样投资白酒行业呢？的确，大部分散户股民入市时间短，对股市认知水平低不会选股票。同时，资金又少，账户大多只有几万元。贵州茅台这样的大众明星股，买 100 股需要十几万元，该怎么办？对于只有几万元资金的散户们来说，他们可选择酒行业指数基金，如 2019 年 4 月 4 日鹏华基金管理有限公司推出的酒 ETF，它全面覆盖白酒、啤酒行业，前十大重仓股（2019 年 4 月 4 日）是：

五粮液，持仓比例 14.57%；

贵州茅台，持仓比例 13.88%；

泸州老窖，持仓比例 12.36%；

山西汾酒，持仓比例 10.41%；

洋河股份，持仓比例 7.25%；

古井贡酒，持仓比例 4.33%；

青岛啤酒，持仓比例 3.74%；

舍得酒业，持仓比例 3.34%；

酒鬼酒，持仓比例 3.08%。

其中，白酒股是主要仓位，九只白酒企业仓位占比高达 70%，A 股最优秀的白酒企业都在其中。酒 ETF 满仓运作，约 97% 资金的投资于酒类股票，约 3% 的现金应对赎回。酒 ETF 指数基金很适合散户定投，普通散户每月拿出 1 000 元定投酒 ETF 就有比较好的效果。再看看酒 ETF 跟踪的中证酒指数与宽基指数沪深 300 指数的比较。2019 年 1 月，沪深 300 指数最低点是 2 936 点，三年后是 4 309 点，上涨 46.76%，2019 年 1 月，中证酒指数最低点是 2 426 点，三年后是 8 722 点，上涨 259.52%，中证酒指数大幅超越沪深 300 指数。目前，中证酒指数刚刚经过十个月充分调整，月线 KDJ 低位发出长线买入金叉信号，这是白酒行业长期看涨的趋势。每月定投买入酒 ETF，就同时投资了贵州茅台，五粮液，泸州老窖等一系列优秀的白酒企业，它为广大中小投资者提供了投资白酒行业的新选择。

2. 股票投资，选择比努力重要

在股票投资中，是选低估价值股，还是选高估成长股，这是投资者在股市投资时碰到的首要问题。我的答案是选择比努力重要，眼光比能力重要。

如果不怕累，勤操作就能获得投资成功，那么股市最有钱的就是那些每天买进卖出乐此不疲的短线股民；如果仅仅靠努力就可以获得投资成功，那么我相信整个股市 90% 的中小投资者都会成功。

投资要想取得成功必须选对方向，向已经获得结果实现财务自由的老股民学习是投资成功的捷径。在牛市初期选对股，再加上耐心持有，成功离你就不远了！

我的投资经验总结：选择企业比技术分析研究买卖点重要，研究企业盈利模式比具体分析企业财务报表重要。

股市投资就是选择优秀企业的股票来拥有。每个股民选择不同，便有了不同的投资人生。个人投资者和专业的基金经理买股票，总的来说就是两种选择：要么买低估的价值股，要么买高估的成长股。买低估值的投资者看重的是所谓的股价安全和便宜，买高估值的投资者看重的是业绩成长的确定性和时间价值。

让我们用实际案例和投资效果来说明选择的重要性。为了让案例效果更加明显，我选择极端情况来说明这个问题。

为了全面准确有代表性地说明问题，我全部用大盘绩优股来展示效果。对于低估值价值股，我选择了低估带成长的行业龙头股票。保险龙头选中国平安，银行龙头选招商银行，地产龙头选万科。低估价值陷阱股票，我也选择了许多股民眼里的绩优股交通银行。高估的股票我就选贵州茅台和片仔癀，因为我喜欢和理解这两只股票，而且现在我也重仓这两只股票。

什么是极端情况，新股民进入股市一般都在牛市高潮的时候，追高是大家共同的特点。那我们就用牛市最高点买入这个极限情况来说明问题。

2007年是蓝筹绩优股牛市，当年上证指数的6 124点我记忆犹新。记得那年7月大盘4 000多点的时候，我调仓换股都没有低估的股票了。所有好股票都是高估的，于是就选了一个刚刚上市的交通银行，市盈率相对不高，看着挺便宜的，买了5万股。最后在2008年熊市亏损"割肉"卖出了。我们就选择牛市顶点最高价买入这一极端情况来说明选择股票的重要性。

假如我们2007年牛市疯狂时以最高价买入表9-1中的股票长线持有，14年过去了，时间足够长，具体结果怎样的呢？

表9-1　高估低估股票14年对比

序号	股票名称	2007年最高价（后复权）	市盈率	2021年6月（后复权）	市盈率	14年股价增长百分比	备注
1	中国平安	149.7元	72倍	161.07元	8.8倍	7.59%	保险龙头股
2	万科地产	3 158.62元	100倍	3 872.83元	7.1倍	22.61%	地产龙头股
3	招商银行	106.25元	64倍	241元	14倍	126.82%	银行龙头股
4	中国银行	7.62元	36倍	5.71元	4.7倍	-25.06%	价值陷阱股
5	民生银行	143.6元	60倍	123.29元	6.3倍	-14.14%	价值陷阱股
6	交通银行	17.08元	40倍	9.11元	4.6倍	-46.66%	价值陷阱股
7	贵州茅台	930.03元	101倍	12 018.1元	57倍	1 192.22%	高估成长股
8	片仔癀	62.3元	72倍	2 247.52元	137倍	3 507.57%	高估成长股

后复权的股票都是以牛市顶部最高价买入的，14年后盈利情况完全不同，买入的低估股票中盈利最好的招商银行也就是一倍多利润，更有价值陷阱股不但不盈利还亏损的。买入的高估成长股贵州茅台盈利12倍，片仔癀盈利35倍，差距是多么巨大。

总结：

（1）买股一定要买行业龙头股，就算有竞争，也至少有行业竞争优势，可以赚钱。

（2）低估股票中有很多是价值陷阱股，而股民投资时间是非常宝贵的。人生用于投资的时间有几个14年？股民投资股市的时间是有价值的，千万不能仅仅看到市盈率低就买入。比如2017年底6倍市盈率的民生银行，那时很多老股民都说这就是给股民送钱，结果4年过去了，民生银行市盈率还是6倍，股价却从6.2元跌到4.65元（前复权）。分红通通被股价下跌吃掉，因为股价浮亏了25%，这就是买低估价值股的不确定性和残酷性。

（3）高估的股票有高估的道理，公司的盈利模式最重要。投资股票时一定要买那些盈利模式简单，我们一看就懂的，产品没有竞争对手且拥有绝对定价权的公司。

选择比努力重要，我们在股市投资的大道上开车奔跑，选择股票就是选择投资的方向盘。

选择比努力重要，一旦方向错了，你踩油门加油也好，换挡提速也好，所有的努力都只能是错上加错。因为股票选错了，你越努力就会离成功越远。

选择比努力重要，股票的选择千差万别，从长远来看，A股5 000多只股票，其中在90%的股票身上是难以挣钱的，所以，股票投资的结局虽然千姿百态，但是90%的股民都赚不到钱。

选择比努力重要，选择股票是对投资者远见性的考验。面对高估值成长股，犹豫不决就会错失良机。因为股市的每次牛市都是不可逆的，错过了牛市上半场的选择就要再等几年后的熊市了。

证券投资就是对股票的选择，不同的选择会有不同的结果。你只要在买股票时作出了正确的选择，绩优成长股就像是一辆全自动无人驾驶汽车，带着你伴随着时间的复利朝着财务自由的方向高速前进。当然，投资者正确的股市认知和长线持有的耐心也是缺一不可的。股票投资的正确选择必定诞生于长期股市实践中的认知修炼，它需要你的长期主义眼光和判断力，也需要你的耐心持有和面对盈利的从容淡定。

后　记

我是 1993 年 2 月被派到珠海经济特区的公司工作的，公司窗外往对面看就是珠海国际信托投资公司证券交易营业部。1991 年，在研究所的时候我就对股票投资感兴趣，经常去研究所图书室查阅深圳特区报股市行情。到珠海工作后，我下楼去开了股票账户，开始了 30 多年的股海修行历程。

在股市的这 30 多年，从股市"小白"起步，读了上百本与股票相关的书籍，在学习、实践、再学习、再实践的过程中历经了许多股市故事。买过重组股深原野，看看它上市的广告语"春种一颗粟，秋收万担粮"多么动人，可它摇身一变就成了世纪星源，又经过多年变迁，现在的世纪星源已经被 ST 了；买过消息股苏三山，后来苏三山也重组多次，最后坚持不住还是退市了；在东方电子、银广夏等股票上，也经历过割肉卖出的过程。多年股海与主力庄家"拼杀"，入市的 3 万元资金亏损了 50%，收获的满把都是辛酸泪。原来想在股市让资金保值增值的，结果炒股多年却是竹篮打水一场空。

股市中东奔西闯多年的我，面对账户两眼茫然，我知道是该作出选择了，要么重新开始学习，要么永远退出股市。

其实我是真心喜欢股票投资的，我喜欢那种股市中众人皆"醉"我独"醒"的感觉，那种站在股市山顶卖完股票"一览众山小"的感觉。看到熊市到来时少数的胜出者，我是由衷地佩服，希望自己也能成为其中的一员，于是我选择了继续学习研究股票投资。也许是经历过 5 年的追涨杀跌，有了竹篮打水一场空的历练，这次再学习时就会多问几个为什么？要求自己买入时小心谨慎，并耐心求证为什么买，买入逻辑是什么？公司符合长期持有的价值理念吗？就这样在股市又历练了 5 年，这个阶段炒股不再亏损了，5 年下来总体上也有 30% 左右的盈利。

虽然每年5%~6%的收益很低，但是，这个阶段能让我在股市实现盈利的股票交易系统的雏形逐渐形成了，这是我最大的收获。

下面是我最初建立的股票交易系统：

买入条件：一是买低价绩优大盘股。买入逻辑是国营大盘股不做假账，企业长期盈利有分红，买入放心；二是股价长期低位横盘刚刚抬头时买。

卖出条件：涨幅达到50%就卖出。磨炼长线持股耐心，不再做短线交易。

就是这个简易的股票交易系统在2001—2005年的熊市里让我账户处在盈利状态。比如2002年1月底以4元每股的价格我买入宝钢股份，2003年10月底以6元每股卖出，现在看来，熊市挣钱真的是运气。

那时候我不懂公司估值，简单看看市盈率高不高，股价是不是在历史低位就好了。亏损公司是坚决不碰的，就在银行股和宝钢、万科等国企低价大盘股里边买。坚持建仓后不再亏损割肉，最后长线持有都可以实现盈利。

2005年到2006年期间，我总能找到低价大盘股来买，挣了钱就卖出，再买还没有涨的股票。记得2006年11月我以3.5元每股的价格买入了中国银行，因为很难再找到低位没有涨的股票了，所以持有中国银行时间久了点，2007年3月以5.5元每股的价格卖出。当时已处于牛市高涨阶段，没有见好就收的概念，卖出后又再找股票买，最后看上了刚刚发行的交通银行，11元每股的价格买入，计划以22元卖出。考虑大盘点位有点高，交通银行股价也有点高，仅买了5万股。结果交通银行涨到17元就掉下来了，15元每股时我卖了2万股，剩下的3万股就被套牢了。

2007年，我觉得大盘点位太高，已经找不到符合我安全标准的股票了，于是尝试着买了100万元的私募产品，想着交给专业人士炒股，应该比我强，结果到2008年也被深度套牢，后来我就再也不买私募基金产品了。

经历了2008年的熊市，我开始研究指数基金，在2005—2007的大牛市中，上证指数从998点涨到6 124点，上涨了5.13倍。而我一共操作4只股票才盈利2倍多。而上证50ETF指数基金从最低价0.81元（后复权）涨到最高价4.91元（后复权），上涨也是5倍多。我的操作远远落后于大盘指数，持有指数基金，既轻松又可以确保跟上大盘指数涨幅，于是我开始喜欢上了宽基指数基金上证50ETF。

后　记

　　大盘股上证 50 指数基金、中小板指数基金、等都是我研究的对象，并开始研究指数基金和股票的互换操作，甚至还用 Excel 编了互换程序，用 2006 到 2012 年的数据把大盘指数基金（上证 50ETF）和中小板指数基金（华夏中小板 ETF）的互换曲线都做出来了。这些操作也为后来的调仓换股操作积累了经验。

　　指数和股票不同，股票既存在系统性风险，也存在非系统性风险，深原野、苏三山、东方电子、银广夏全都发生过非系统性风险，就连绩优蓝筹股龙头贵州茅台也因反腐和塑化剂事件出现过非系统性风险。而指数基金只有系统性风险，没有非系统性风险。指数基金的系统性风险很好防范。以上证指数为例，几个牛熊的指数平均市盈率数据是可查的，指数什么时候被高估了，什么时候被低估了一目了然。我自以为研究很深入了，对各个指数基金很了解，包括沪深 300 指数。接下来的投资会更顺利，盈利也会更大，然而，悲剧就在这样的自信中开始酝酿发酵。

　　2010 年 4 月，沪深 300 股指期货推出，我是第一批参与者。5 月 17 日股指期货开仓，我期望用杠杆来超越大盘指数。2010 年 5 月到 2010 年 7 月，我投入 300 万元资金买股指期货多仓，并按照买指数基金的方法买入，越跌越买。在上证指数 2 800 点到 2 300 点的下跌过程中，合计买入沪深 300 股指期货合约 6 手。而且最后两手是在上证指数阶段低点 2 319 点附近抄底买入的。接下来几个月，指数连续反弹，最高时上证指数冲上了 3 186 点，我在 2010 年 10 月 24 日股指期货浮盈达到 50% 时清仓的，锁定利润 150 万元。初战告捷，顺风顺水，浑然不觉股指期货的杠杆风险。

　　虽然也学习了期货知识，读了几本相关书籍，但是理论知识和实盘操作完全不是一回事儿。

　　初战的胜利给我带来了极大的自信，于是在指数稍微回调时就开始了第二次建仓。这次资金盘增加到 600 万元，当时也考虑了风险，杠杆只加到 2 倍，大概计算了一下，上证指数要从 3 050 点跌到 1 800 点才会爆仓，我认为这种情况几乎是不可能发生的。

　　但是，股市里就没有不可能的事。股指期货偏偏和我作对，从 2010 年 11 月开始，上证指数从 3 186 点一直跌到 2013 年 6 月的 1 849 点。我持有了三年沪深 300 股指期货，每个合约到期后就买入下一个合约，每次合约展期成本都要提高20~30个点，以至于大盘还没有到1 800点就爆仓了，总亏损620万元。投入股指期货的600万全部亏光，还把补仓的20万元也亏掉了。

股指期货爆仓以后，我痛定思痛总结原因，决定永远退出期货市场，不再去陌生投资领域当"韭菜"了。重新回到股票市场，我还是买指数基金。这次买入的是新生事物——杠杆指数基金深成指B，记得2013年6月下旬我以0.288元的价格一次加仓买入了341万股，到2014年6月，一年的时间我都在0.3元以下不断地买入深成指B杠杆基金，不仅满仓还加上了融资杠杆。经历过期货爆仓后的我对融资有了深刻体会，融资必须要考虑到确保本金安全不爆仓。

我深入研究了深成指B杠杆指数基金，它是两倍杠杆。最独特的是当它下跌到下折点净值0.1元时，仅仅是失去杠杆，不像其他杠杆基金到下折点就会下折"爆仓"。

当深成指B杠杆指数基金的净值恢复到0.1元时，它将以11倍杠杆向上追赶大盘指数。我看中它的正是这一点。所以，在当时众多被低估的指数杠杆基金中选择它重仓。即使以0.3元的溢价买入，在深成指B杠杆指数基金上涨超越下折点时，也有3.66倍的杠杆。有这么好不爆仓的杠杆基金，我是再也不会去买股指期货了。

2013年6月至2014年6月，一年时间我都在加仓。其中也曾有过犹豫，2013年6月上证指数创下1 849点后，到2014年6月已经上涨超过10%到了2 048点，我的深成指B却还停在0.3元。我反复验证了自己的交易系统，盈利逻辑是正确的，带入中国股市24年的实际大盘K线中是成立的，没有任何例外。于是坚定信心，耐心持有，不断加仓。2014年7月至2015年6月，一年时间上涨3.34倍，从0.3元涨到最高1.306元。

2015年5月20日，深成指改组扩容，由40只蓝筹股扩容到500只，其中，包含300只中小板创业板股票。当时中小板创业板股票有在严重高估，泡沫明显，于是我在5月20日深成指B杠杆指数基金达到1.0元时，开始分批卖出深成指B杠杆指数基金。首批以1.02元的价格卖出了100万股，从29万元买入，到现在变成102万元，确实是大丰收啊！后续一个月都在分批卖出，到了6月29日，全部清仓，平均成交价为1.09元，这次牛市收获的利润非常丰厚，运气也很好，在大盘熔断、千股跌停前完美退出杠杆基金和融资仓位。

回顾牛市，2015 年的成功我认为有好运气在里面，特别是后面股灾时熔断造成的连续千股跌停，作为杠杆基金根本跑不出来，深成指 B 杠杆指数基金从 1.3 元猛烈下跌，最低到了 0.13 元。我认为自己的股票交易系统需要再完善，于是我对股票交易系统的牛市退出部分进行了修改，不期望在高估的顶部区域退出，而是在更早的半山腰就开始分批退出。因为杠杆基金相当于股市的电梯，坐上电梯时早已超越指数，在股市半山腰下电梯，改步行（调仓换股），这样既超越指数又安全可靠。

2016 再战股海，经历了第一次有融资融券的杠杆式股灾以后，大盘指数又回到了可投资区域。这一次由于中小板创业板股票严重高估没有跌透，所以不再选择深成指 B 杠杆指数基金建仓（事后证明我是对的，2018 年底深成指 B 杠杆指数基金收盘价仅为 0.13 元）。上证 50 指数和沪深 300 指数都回归价值区域了，但是它们所对应的杠杆基金都存在下折爆仓危险。从安全第一的角度，这一次建仓我选择了 H 股 B 恒生国企指数分级基金。

这次为什么选恒生国企指数分级基金建仓呢？恒生国企指数从成立基日 2000 年 1 月 3 日到 2018 年 1 月共 216 个月，恒生指数官网数据显示，18 年来，恒生国企指数估值 PE 在 5.8 倍到 36.17 倍波动。最高估值出现在 2007 年 10 月，最低估值出现在 2016 年 2 月。18 年时间，共出现 10 倍以下低估四次，最低点分别出现在 2002 年 1 月、2005 年 4 月、2009 年 1 月、2016 年 2 月。18 年来，共出现 20 倍以上高估三次，最高点分别出现在 2004 年 2 月、2007 年 10 月、2009 年 11 月。恒生国企指数 18 年的数据显示，指数平均市盈率 10 倍以下时是低估是确定的，每次买入都是对的。指数平均市盈率达到 20 倍以上是高估也是确定的，每次卖出都是正确的。

结论：宽基指数基金低估时买入，等熊市过后，发生估值修复就是必然的。它的确定性是百分之百的。也就是说，低估的宽基指数基金发生估值修复是确定的，这点不仅仅是在中国股市，在全世界股市也是如此。H 股 B 杠杆指数基金也具有不下折的特点，当其净值跌到 0.2 元时，也是失去杠杆，不像其他杠杆基金会下折"爆仓"。当其的净值恢复到 0.2 元时，将以 6 倍杠杆向上追赶恒生国企指数。

2015 年 10 月，我在恒生国企指数市盈率为 7.6 倍时开始建仓 HB 杠杆基金，第一笔买入 HB 的价格是 0.96 元，越跌越买。市盈率最低 5.8 倍对应 HB 价格是 0.56 元。2016 年 10 月市盈率回到 7.6 倍，历时一年时间建仓完毕，平均成本价是 0.8 元。2017 年 12 月底恒生国企指数市盈率为 9.83 倍，HB 收盘价为 1.118 元，我的账户 HB 浮盈 39.75%，但我仍满仓持有中，因为我的目标是 HB 到达 2.0 元开始分批卖出，调仓换股。

2016 年 8 月，我观察了半年打新股中签情况，通过计算，认为打新股是证监会给广大股民的一份福利，一定要积极参与。

为什么散户打新赚钱是可行的？理由如下：发新股半年数据统计，每月发行新股 20~30 只，产生打新号码 700~900 个。我们取平均数 25 只。每月打新号码 800 个。我任意挑选了两个月算了平均中签率是 0.041 6% 沪深两市平均中签率是 0.041 6%，也就是说，每个账户每个月中签新股的概率是 33.3%；3 个月中签一只新股的概率是 99.9%，平均每个账户一年会中签 3~4 只新股。我用 100 万元资金加上融资 40 万元配了两个账户，从 2016 年 9 月 8 日开始打新。

打新股需要配市值。配什么股票呢？当时我熟悉的低估板块只有银行、券商和保险。券商竞争太激烈了，手续费低至万分之一多一点，融资利息为 6%，但我那次牛市不看好券商股。银行股价值洼地，深交所我配置了平安银行（轻仓）。保险股 8 年时间长期被低估，但 8 年来高速增长，上交所我配置了保险股龙头中国平安（重仓＋融资）。两个账户实际操作一年零一个季度，共中签新股 15 只，我是按照涨停板打开就卖出的原则，坚持到 2019 年实现打新收益 36 万多元，打新效果明显。同时，也实现了打新股和配市值股票双增长的目标。尤其在 2017 年，我不断加仓的中国平安，2017 年涨幅超过百分之百。

再说 HB 杠杆基金，2018 年 1 月，我重仓的 HB 基金最高价是 1.439 元。HB 盈利达到了 80%，但是，这个时候熊市再次到来。接着国家发布了资管新政，杠杆基金将在两年后退出股市。股票投资一定要跟着国家政策走，杠杆基金要取消，我们就早点卖出调仓换股。2018 年 10 月我卖出价格为 1.0 元的 HB 杠杆基金，买入了没有杠杆的包含低估银行股、证券股、保险股的金融 ETF 指数基金。大盘下跌了整整一年。熬过了 2018 年的熊市，我的股市认知也得到了进一步提高。

2019 年 3 月 26 日是一个值得纪念的日子，这一天我把金融 ETF 获利了结，调仓换股买入了贵州茅台。为什么卖出低估的金融指数基金，买入 30 倍市盈率的贵州茅台呢？这是我第一次从思想深处认识到牛市初期30倍市盈率的贵州茅台比6倍市盈率的银行股、金融股好。这是一场老股民从习惯买低估绩优股到喜欢买垄断经营明星股的进化升级。就这样到年底我满仓持有中国平安和贵州茅台两只股票，实现年度账户浮盈68%，这个结果和锁定金融ETF利润，调仓换股到贵州茅台有直接关系。

2020年，大盘在一季度大幅回调，我的重仓股中国平安从83元跌到了63元。二季度开始翻转，但在二季度上涨中，中国平安股价表现乏力，严重落后于大盘指数。这背后的原因是多方面的，前文已有详细分析，这里不再赘述，经过深入思考后，在二季度我进行了调仓换股操作。获利了结卖出了10倍市盈率的中国平安，买入了60倍市盈率的片仔癀。这时的我对股市的认知彻底从低估股票脱离，完全进入到选择垄断经营模式公司投资的理念上。2020年，我的股票账户重仓持有茅台片仔癀实现年度浮盈60%，其中，卖出中国平安锁定利润很重要，这一年片仔癀对账户利润的贡献最大。

2021年是我投资生涯中很艰苦的一年，前面连续两年大幅盈利，我知道今年比较难了。年初大盘的大幅高开，把股市推向了高潮，上证指数达到3731点。春节前是我账户浮盈最大的时候，一年后的2022年10月才理解这就是这次牛市的顶峰。2021年的牛市是一次结构性牛市，是沪深300指数的牛市，它不是绩优股和垃圾股齐涨的全面牛市。所以，这次牛市投资者开户数没有创新高，股市日成交量也没有创新高。股市常变常新，永远都需要投资者不断学习，不断总结。由于2021年A股牛市的特殊性，我没有清仓，还是满仓持有贵州茅台和片仔癀。2021年7月21日，片仔癀发布公告：控股股东九龙江集团计划15个交易日后的3个月内，通过集中竞价交易方式减持不超过公司总股本1%的股份，即不超过603.32万股。面对491元150倍市盈率的片仔癀，大股东要减仓，那我也要提前走了。于是，在400元股价上方，我清仓了片仔癀，调仓换股加仓了1800元的贵州茅台。这样，我的投资账户就只持有贵州茅台一只股票了，而且是满仓。2021年底，账户再次浮盈20%，这已经是连续三年盈利了。2021年盈利不容易，因为沪深300指数下跌5.2%，这意味着账户跑赢沪深300指数25%多。

2022年没有盈利，账户出现了利润回吐。这一年我满仓持有贵州茅台。股市总是以不同的方式演绎着牛熊变化，当走进2022年再回头看时，2021年春节

"结构性牛市"的顶点是那么的清晰可见。当时我的牛市判断指标中只有贵州茅台的估值刚刚到达泡沫期，2021年2月10日，贵州茅台73倍的市盈率确实有泡沫了，熊市来了下跌到30倍以下是完全可能的。片仔癀149倍市盈率也有泡沫了，熊市来了下跌到60倍以下也是完全可能的。我习惯观察上证指数，当时我认为虽然我持有的贵州茅台和片仔癀进入了泡沫期，但是3700点不太可能是这次牛市顶点，投资者开户数和日成交量都没有创新高，泡沫还会再继续飞扬一段时间，所以，在2021年1月，我仅仅把融资还掉，用降杠杆做了应对。其实，如果观察沪深300指数，它已经超过2015年的牛市顶点，创出了新高，应该清仓获利了结。可是上证指数的表现是严重失真的，导致我没有清仓。

随着2022的熊市调整，贵州茅台出现了28倍市盈率，片仔癀也出现了55倍市盈率。这次满仓持有从结构性牛市顶点（沪深300指数5930点）到熊市底部（沪深300指数3495点），大盘调整40%多。我的投资账户利润也流失不少。牛市顶部我的利润有420%，2022年获利回吐，到年底利润只剩下255%，必须要认真总结牛市的各种形态，下次牛市我会更谨慎、更小心，一定要保护好投资的胜利成果。

我对2022年熊市满仓持有的感受：2022年，我坚持持有具有垄断利润的贵州茅台，这是我满仓经历A股所有熊市中利润保存最好的。当然，2015牛市运气比较好，我成功逃顶，空仓等待熊市下跌的感觉更好。

2022年底，贵州茅台公布业绩预告，实现利润增长19.33%，完全符合市场预期。还在12月底增加了一次特别分红，每股派息21.91元，业绩增长的确定性就是对股价最好的支撑。满仓这些具有垄断利润企业的股票是可以穿越牛熊的。

回顾2019年1月大盘从2440点开始启动的这次牛市，四年来很多绩优股都失去了业绩增长的确定性，一个牛熊下来颗粒无收。我曾经重仓的保险龙头股中国平安就是典型案例。2018年熊市底中国平安收盘价为48.77元（前复权），2022年底中国平安收盘价为47元（前复权），整整四年时间！把所有分红计算在内还是亏损的。高股息分红如果没有业绩增长的确定性来保障，分红派息也无法弥补亏损。所以，离开了业绩增长的确定性，谈论股息的高低就变得毫无意义。

在股市投资中，千万记住不要贪便宜，不要仅看股息率，拥抱确定性增长的好企业才是股市投资的根本。远离竞争企业，拥抱具有垄断利润的企业才是投资

后　记

的正确方向。

2022年熊市是"迷你熊"，因为牛市涨得不够疯狂，所以下跌调整也不太激烈。从2021年2月牛市顶点算起，沪深300指数41%的调整幅度足够了，20个月的调整时间也很充分。我持有的贵州茅台每股业绩将从49元向着59元迈进，这个业绩增长是有确定性的。2023年给茅台40倍估值，股价就是2 300元。如果遇见牛市，预期再高一点，超越50倍，贵州茅台股价就又创新高啦！我会继续满仓持有，只有坚持长线持有垄断企业，才能实现投资收益长期超越指数。

回顾30多年的股市经历，我经历了从买普通股票到买指数基金，再到买绩优股票三个阶段的提升。跌跌撞撞小钱亏过大钱也亏过，值得庆幸的是在股票投资20年后形成了自己较为完善的股票交易系统。但我觉得自己的股票投资进步得有点儿慢，在一次和基金经理杨天南交流，他说他的交易策略形成只用了3~5年，而我却用了整整20年。认真想了想，原因主要是天赋不够，在投资的"羊肠小道"上耽误了很多时间，尤其是技术分析，我的感觉是技术分析只能起辅助作用。但很多年前我却是今天数数"波浪"，明天看看"布林线"，后天再来关注"KDJ"，进入股市最初的十年宝贵时间就这样虚度了，本末倒置很是可惜。更悲惨的是，当我明白了股市赚钱的原理并建立了自己的交易系统后，我的股票投资主力部队却被A股的新生事物——沪深300股指期货爆仓给全部消灭了。2013—2014年在深成指B杠杆指数基金上的建仓过程非常艰苦，完全是靠着工资结余，奖金结余，融资加杠杆才翻了身。当时该指数基金是可以用来质押融资的，我买入该指数基金后就质押给证券公司，融出来的钱再买该指数基金，就这样循环了两次。2015年牛市的高回报，对我来说是杠杆融资起到了非常重要的作用。后来证券公司取消了这款融资产品，现在杠杆基金也已经退出股市，这种好运气不会再有了。

站在股市投资30多年后的今天回看自己，变化很大。在股票投资的耐心和信心上都有了长足进步。更重要的是，对股票投资的认知度提高了，在选择股票时会好上加好，选最优秀的公司买入。对于股市投资，我有以下三点体会：

（1）股票投资30年胆子变小了，再也不会听消息，不会炒概念，不会追热点，随便买股票了。对于新股、次新股，以及上市没有经过一个牛熊考验的股票都不会买。选择股票的范围缩小到A股的百分之一，就在那几十只家喻户晓、有很宽护城河的绩优蓝筹股票上投资。我认为自己是一个股市淘金者，专门在这几十只蓝筹股里淘金，剩下的 5 000 多只股票在我眼里都是一般股票和绩差股票，我知道一般股票和绩差股票里也百分之百有金子存在，但是在垃圾堆里淘金子确定性不高，我的股市认知和胆量都不足以支持我这样做。

（2）股票投资 30 多年胆子变大了，不迷信权威了。股评家的文章对我没用，也不再听股票分析师的建议，更不会花钱买炒股技术软件。我坚持独立思考，无论是在熊市建仓还是在牛市收获，都坚决站在绝大多数股民的对立面。按正确逻辑进行股票投资，按自己的交易系统来投资。熊市底部敢于重仓，敢于满仓，另外再加上一点点融资杠杆；牛市高潮知足常乐，敢于提前减仓收获胜利果实。

（3）股票投资 30 多年操作更稳健了，不追求暴利，不追求涨停板股票，也不追求 10 倍股。只追求股市长期稳定的复利增长，以及股市投资的确定性和大概率事件。始终把股票投资的资金安全性放在第一位，账户盈利多少放在第二位。

自从建立了自己的股市交易系统，在股市持续稳定赚钱就有了保障，有没有抓住大牛股就变得不重要了，可持续、可复制的股票交易系统是我股市长期盈利的根本保障。当然，与之配套的心智系统也必须有，这就是前面提到的信心和耐心。

30 多年来，我在股市中经历了 2001 年、2007 年、2015 年、2021 年四轮以上的牛市，而我感觉股市最磨炼人性的还是熊市，熊市磨炼出的信心、耐心、恒心才是投资者最宝贵的财富。